Hans-Jürgen Kaatsch,
Hartmut Rosenau,
Werner Theobald (Hg.)

Ethik des Alters

D1641521

Ethik interdisziplinär

herausgegeben von

Hans-Jürgen Kaatsch, Hermes A. Kick und Hartmut Kreß

Band 14

LIT

Hans-Jürgen Kaatsch, Hartmut Rosenau,
Werner Theobald (Hg.)

ETHIK DES ALTERS

LIT

Bibliografische Information der Deutschen Nationalbibliothek
Die Deutsche Nationalbibliothek verzeichnet diese Publikation in der
Deutschen Nationalbibliografie; detaillierte bibliografische Daten sind
im Internet über http://dnb.d-nb.de abrufbar.

ISBN-10: 3-8258-9517-3
ISBN-13: 978-3-8258-9517-4

© LIT VERLAG Berlin 2007
Auslieferung/Verlagskontakt:
Fresnostr. 2   48159 Münster
Tel. +49 (0)251–62 03 20   Fax +49 (0)251–23 19 72
e-Mail: lit@lit-verlag.de   http://www.lit-verlag.de

Inhaltsverzeichnis

Vorwort

Ethik wird heutzutage definiert als „Theorie der Moral". Das heißt, sie zielt nicht so sehr auf die Feststellung der faktischen Geltung von Normen und Orientierungen (deren Gesamtheit dasjenige ist, was man „Moral" nennt), sondern vielmehr auf die Beantwortung der Frage, welche Handlungsoptionen, Wertpräferenzen und dgl. berechtigter- oder begründeterweise gelten können. Die Gründe, Argumentationen und rationalen Rechtfertigungen, die für bestimmte Handlungsalternativen angeführt werden können, sind ihr Gegenstand. Ein solches Verständnis von Ethik greift in einer bestimmten Hinsicht jedoch zu kurz: Es bezieht sich ausschließlich auf moderne Ethiktheorien und grenzt andere Typen von Ethik aus. So verstand sich bspw. die Ethik der Antike vielfach gerade *nicht* als Theorie der Moral, sondern eher als eine Theorie der Lebenskunst. Nicht die Frage der Begründbarkeit moralischer Normen, sondern die Frage nach dem „guten Leben" wurden von ihr in den Vordergrund gestellt.

Der vorliegende Band, erwachsen aus einer Ringvorlesung des Zentrums für Ethik der Christian-Albrechts-Universität Kiel, knüpft an diese Tradition an. Auch er stellt die Frage nach dem „guten Leben", focussiert sie aber, was für die Ethik ungewöhnlich ist, auf denjenigen Abschnitt des Lebens, den man das „Alter" nennt. Dabei kommt sowohl die „Lust" als auch die „Last" des Alters zur Sprache: das ihm eigene Verhältnis zu Sexualität und Ästhetik, aber auch das Leid, das viele ältere, insbesondere pflegebedürftige Menschen erfahren müssen. Ökonomische Überlegungen zur „Überalterung" der Gesellschaft und theologisch-ethische Erwägungen zur Generationenverantwortung und zum „selbstbestimmten Sterben" runden die Thematik ab.

Wir danken dem LIT-Verlag, dass er die Beiträge dieses Bandes in seine Reihe „Ethik interdisziplinär" aufgenommen hat. Möge er zu einer vertieften Reflexion des von der traditionellen Ethik bisher weitgehend vernachlässigten, in Zukunft aber wohl immer mehr an Bedeutung gewinnenden Aspekts des „Alters" anregen.

Hans-Jürgen Kaatsch   Hartmut Rosenau   Werner Theobald

MANFRED KOCK

Du sollst Vater und Mutter ehren.
Theologisch-ethische Erwägungen zum Umgang mit Alten

Ein Knabe, der arm, aber weise ist, ist besser als ein
König, der alt, aber töricht ist und nicht versteht, sich
raten zu lassen. (Koh 4,13)

Verwirf mich nicht in meinem Alter, verlass mich nicht,
wenn ich schwach werde. (Ps 71,9)

Die Weisheit Israels rechnet dem Alter nicht automatisch verständige Einsicht und kluge Ratschläge zu. Und der Gebetsruf des 71. Psalms lässt erkennen, dass die Realität des alltäglichen Alterslebens in biblischen Zeiten nicht verklärt werden sollte. Dennoch verdankt die Menschheit der Überlieferung Israels mit dem Elterngebot des Dekaloges einen unentbehrlichen Maßstab für die gegenseitige Verantwortung der Generationen für das gegenwärtige Zusammenleben. Davon soll hier die Rede sein.

Im ersten Teil beschreibe ich die Bedeutung des Gebotes für das Zusammenleben der Generationen in der Kultur des Volkes Israel. Im zweiten Teil geht es um die Verantwortung der Generationen füreinander, um das, was man auch als „Generationenvertrag" bezeichnet. Im dritten Teil will ich deutlich machen, wie nach biblischem Verständnis die soziale Verantwortung geistlich verwurzelt ist. Im Schlussteil komme ich auf die globale Dimension der Generationenverantwortung zu sprechen.

9

I. Elterngebot zielt auf Verantwortungsgemeinschaft

Eine der wichtigsten geistigen Ressourcen hat Israel der Menschheitskultur mit der Thora geschenkt, die in dem Doppelgebot der Liebe zusammengefasst ist: *Du sollst Gott deinen Herrn lieben mit ganzem Herzen, mit ganzer Seele und mit all deinem Vermögen – und deinen Nächsten wie dich selbst (denn er ist wie du).*[1]
Dieser Weisheit in ihrer jüdisch-christlichen Überlieferung verdanken wir das Wissen der Haltungen und Handlungen, welche uns Menschen fähig machen für jene Verantwortung, die *ich* und *du* zu einem *wir* zusammenschließt. Nur so können Eigennutz und Gewinnstreben gebändigt werden, die eben nicht nur Hilfen im Kampf ums Überleben sind, sondern meistens in der Form der Rücksichtslosigkeit auftreten. Eigennutz begründet die Fähigkeit des Menschen zu überleben. Die Nächstenliebe verleiht die Fähigkeit, das nicht auf Kosten anderer zu tun.

„... auf dass du lange lebest im Lande, das dir der HERR, dein Gott gibt", dieses Zitat entstammt dem nach der hebräischen Zählung fünften der zehn Gebote des Dekaloges, und das lautet so: *„Du sollst deinen Vater und Mutter ehren, auf dass du lange lebest im Lande, das dir der Herr, dein Gott gibt".*[2] Im Deuteronomium wird noch hinzugefügt: *„auf dass du lange lebest und es dir wohl gehe ..."*[3]
Alle Gebote Gottes, die Israel durch Moses empfangen hat, zielen auf ein sicheres Leben im versprochenen Land.[4] Acht Gebote des Dekalogs sind als Verbote formuliert, womit sie in ihrer Schutzfunktion für das Volk des Bundes kenntlich sind. Sie verbieten, was den Bund verletzt und das Zusammenleben beschädigt. Das Elterngebot wie auch das Sabbatgebot sind positiv formuliert.[5] Damit werden dem Volk des Bundes Gestaltungsmöglichkeiten des Zusammenlebens angeboten als eine ausdrückliche Verheißung: Leben wird gut, wenn die Beziehung zwischen Eltern

---

[1] Mk 12,28-30 par

[2] Ex 20,12

[3] Dt 5,16

[4] Vgl. Dt 4,1 u.a.

[5] Es findet sich in der Thora auch eine negative Fassung des Elterngebotes *Ex 21,17* und *Dt 27,16*. Nach Auffassung der Forschung ist die positive Formulierung eine spätere Stufe, die nicht ohne Absicht gefunden wurde. Vgl. G. v. Rad, Theologie des Alten Testaments, Bd. 1, München 1958, 193.

und Kindern gelingt, und das Volk wird leben, wenn Kinder ihre Eltern ehren.

Im jüdischen Pflichtenkatalog, den *Mizwof*[6], und in den christlichen Katechismen werden in der Entfaltung des Wortes *ehren* den heranwachsenden Kindern zunächst die Pflichten gegenüber ihren Eltern eingeschärft. Die Eltern vermitteln „die Lebenskunde, ...ohne deren Beachtung das Wohnen des Volkes und also auch das Wohnen dieser Kinder im Lande... keine Dauer haben könnte"[7].

Wenn auch in ökonomischen Zusammenhängen zurzeit häufig der Eindruck erweckt wird, als sei die Erfahrung von Älteren entbehrlich, hat das Elterngebot als Hinweis auf die gesellschaftliche Kraft der Lebenserfahrung auch heute noch seine bleibende Bedeutung. Allerdings wird es bei vielen vorschnell als Ausdruck einer patriarchalischen, autoritären Ordnung gekennzeichnet, vor allem wohl deshalb, weil unsere Katechismen die Pflichten aus dem Gebot übertragen auf den Gehorsam gegenüber anderen Autoritäten wie Lehrer und Obrigkeit. Aber das Elterngebot ist nicht als eine Erziehungshilfe zum Kindergehorsam gedacht, wenn es die Achtung und Weitergabe von Lebenserfahrung einfordert, und schon gar nicht als Ordnungshilfe für das Verhältnis zur Obrigkeit. Es zielt vielmehr auf die lebenslange Verantwortungsgemeinschaft zwischen den Generationen. Dazu gehören vor allem die Versorgung und die Pflege der alten und kranken Familienangehörigen. Familie ist also nicht nur überall dort, wo Eltern für ihre Kinder sorgen, sondern sie ist auch der Ort, an dem Kinder für ihre alten Eltern verantwortlich sind.[8]

Das Elterngebot der Thora setzt eine Gesellschaft voraus, in der der Einzelne über die Familie in die kulturelle, politische Gemeinschaft eingebettet ist. Das waren in biblischer Zeit vor allem Großfamilien. Unter diesen Bedingungen war die Fürsorge der Generationen füreinander, die das Gebot einschärft, eine Grundlage der sozialen Sicherung. Menschen

[6] Vgl. z.B. Ch. H. Donin, Jüdisches Leben. Eine Einführung zum jüdischen Wandel in der modernen Welt, aus dem Englischen übers. V. F. S. Breuer, Jerusalem 1987, 137ff.

[7] Karl Barth, Die Kirchliche Dogmatik (KD) III/4, Zürich 1951, 273.

[8] Vgl. dazu G. v. Rad, Das fünfte Buch Mose, Deuteronomium, ATD Teilband 8, Göttingen 1964, 42; H. W. Wolff, Anthropologie des Alten Testamentes, München 1973, 259ff; R. Albertz, Hintergrund und Bedeutung des Elterngebotes im Dekalog, ZAW 90, 1978, 374; D. Sölle / L. Schottroff, Den Himmel erden. Eine ökofeministische Annäherung an die Bibel, München 1996. D. Sölle verwendet hier den Begriff „Vertrag der Generationen", 91 ff.

bekamen auch für ihr Alter Freiraum gewährt, wurden in Zeiten der Krankheit gepflegt und wurden versorgt, wenn sie mit eigener Arbeit den Lebensunterhalt nicht mehr erwirtschaften konnten. Die Eltern *ehren*, das bedeutete im hebräischen Wortsinn[9]: Sie dürfen ihr Gewicht und ihr Gesicht haben und behalten, auch wenn sie selber nicht mehr für den Lebensunterhalt der Familie sorgen können. Unter damaligen Verhältnissen war dieses Sozialsystem sehr erfolgreich – trotz allen Murrens und aller Nörgelei über das Alter, die es auch in biblischen Zeiten schon gab; erfolgreich vor allem, wenn die ganze Gesellschaft unter erschütternden Ereignissen wie Missernte, Krieg und Ausbeutung zu leiden hatte.

II. Verantwortung der Generationen füreinander – „Generationenvertrag"

Gesellschaftsstrukturen sind heute komplexer als in biblischen Zeiten. Kleinfamilien und eine wachsende Single-Kultur machen gesellschaftliche und politische Arbeit erforderlich, damit plausibel bleibt, dass *die Alten zu ehren* dem Wohle aller zugute kommt. Zudem ist es viel schwieriger zu vermitteln, wie unter heutigen ganz anderen Bedingungen die Generationsverantwortung als eine Solidarität auch mit denen gewahrt werden kann, zu denen keine verwandtschaftliche familiäre Beziehung besteht. Und vollends schwierig ist es, Solidarität zu üben mit Generationen, die noch gar nicht auf der Welt sind.

Es gibt Gott sei Dank noch viele Familien, in denen Verantwortung unter den Generationen wahrgenommen wird. So erbringen Familien immer noch mehr als 80% der Leistungen für ihre pflegebedürftigen Angehörigen. Sehr häufig sind zwar die Lebens- und Wohnbedingungen nicht gegeben, um diese Fürsorge unter einem Dach zu leisten. Auch wohnen alte Menschen gerne selbständig, solange es irgend geht. Aber auch in solchen Lebenssituationen sind Kinder verantwortlich, und in den meisten Fällen verhalten sie sich entsprechend.

Das Füreinander-Einstehen der in Ehe oder Lebenspartnerschaft miteinander verbundenen Menschen und die Bereitschaft von Eltern und Kindern, lebenslang Verantwortung füreinander zu tragen, gehören zu den Existenzgrundlagen unserer Gesellschaft.

Damit ist deutlich, dass Verantwortung nicht nur das Einstehen für Schuld und Versagen, für Verfehltes und Versäumtes in der Vergangen-

---

[9] Das transitiv verwendete Verbum *kbd* = ehren bedeutet in intransitivem Gebrauch *schwer, gewichtig sein.*

heit bedeutet. Diese Verantwortung wiegt oft sehr schwer. Für den Mord an sechs Millionen Juden zum Beispiel tragen Menschen die Verantwortung, Millionen Menschen – als rohe Täter, als bürokratische Organisatoren, als willige Helfer, als billigendes, akklamierendes, als schweigendes, wegsehendes, verdrängendes Volk. Die Eltern zu ehren bedeutet in diesem Zusammenhang nicht zu sanktionieren, was sie getan und unterlassen haben. Es heißt aber, dass wir mit ihnen in einer Reihe, in einer Haftungsgemeinschaft stehen. Würden wir Nachgeborenen uns da aus dem Staube machen und diese Verantwortung von uns weisen, wäre der Rückfall unausweichlich.

Zugleich aber muss Verantwortung auch eine lebendige, auf Gegenwart und Zukunft bezogene Gestaltungspflicht bleiben oder werden, damit das Zusammenleben der Menschen in unserem Land und der ganzen Menschheit besser gelingt. Dieses den Menschen im Lande einzuschärfen, darum muss es in unserer Gesellschaft gehen.

In der politischen Diskussion wird in diesem Zusammenhang von „intergenerationeller Verantwortung" gesprochen und vom „Generationenvertrag". Kardinal Lehmann erinnerte in einem Vortrag vor der Herbst-Vollversammlung 2003 der Deutschen Bischofskonferenz daran, dass der große Sozialethiker Oswald von Nell-Breuning den Begriff „Generationenvertrag" benutzte, ihn aber für unglücklich gewählt hielt, da es sich ja nicht um einen Vertrag im juristischen Sinne handelt, sondern um ein solidarisches Verhalten zwischen den Generationen. „Dieses Verhältnis der Generationen ist dadurch geprägt, dass die erwerbtätige Generation einen Teil ihrer Produktion an die Generation, die ihr vorausgegangen ist, abgibt, sowie einen Teil an die nachwachsende Generation. Die produktive Generation vertraut dabei darauf, dass die nachwachsende Generation, wenn sie produktiv geworden ist, bereit ist, den Lebensunterhalt der ehemals produktiven Generation zu sichern."[10] Es geht also um die ethische *Verantwortung von Generationen füreinander*, und zwar unter Einbezug derer, die erst in Zukunft leben werden. Hans Jonas entwickelte das „Prinzip Verantwortung" gerade im Blick auf die Handlungspflichten, „welche Furcht und Ehrfurcht gebieten: dem Menschen... die

---

[10] K. Lehmann, Zusammenhalt und Gerechtigkeit, Solidarität und Verantwortung zwischen den Generationen – Eröffnungsreferat bei der Herbst-Vollversammlung der Deutschen Bischofskonferenz am 22.9.2003, Text in: Pressestelle der DBK v. 22.09.2003, Abschn. II – Zum Begriff „Generation" siehe den entsprechenden Artikel von M. Wingen und W. Korff in: Staatslexikon II, 7. Aufl. Freiburg i. Br. 1986, Sp. 866ff.

Unversehrtheit seiner Welt und seines Wesens gegen die Übergriffe seiner Macht" – und ich ergänze: gegen die Übermacht seiner Gleichgültigkeit – „zu bewahren"[11]. Jonas entfaltet die neuen, bisher nicht gekannten Dimensionen der Verantwortung vor allem an den rasanten technischen Entwicklungen, welche früher nicht geahnte Risiken für die Biosphäre unseres Planeten und für den genetischen Bestand des Menschen selbst zur Folge haben. Wo es aber um die Existenz der Gattung in der Zukunft geht, ist die Verantwortung für die soziale Sicherung der kommenden Generationen eingeschlossen. Sie zu erkennen und anzuerkennen erfordert eine hohe geistige Leistung.

Die hektischen Diskussionen um die Zukunft der Renten sind inzwischen abgeflaut. Sie waren peinlich angesichts der riesigen privaten Vermögen in unserem Lande. Sie haben aber auf das Thema der Generationenentwicklung aufmerksam gemacht, das eigentlich von Fachleuten schon seit Jahrzehnten als eins unserer Zukunftsprobleme bezeichnet worden ist, aber von der Politik lange unbeachtet blieb. Mit Blick auf die Familien sollten wir übrigens mit Dankbarkeit feststellen, dass die Kinderlosigkeit heute nicht mehr wie früher zu Armut im Alter führt. Dieses Risiko ausgeschaltet zu haben, ist zweifellos eines der großen Verdienste des Sozialstaates. Die vollständige Entkoppelung von Kinderzahl und Alterssicherung hat jedoch sicher mit dazu beigetragen, dass Menschen sich heute dazu entscheiden, keine oder weniger Kinder zu bekommen. Das mag man unter vielerlei Gesichtspunkten, nicht zuletzt ethischen, bedauern. Verurteilen oder sozialpolitisch bestrafen sollte man dies aber meiner Meinung nach nicht, denn Kinderlosigkeit kann sehr unterschiedliche Gründe haben. Das ändert jedoch nichts an der paradoxen Tatsache, das heute einerseits diejenigen Menschen, die keine Kinder groß zu ziehen haben, dadurch erhebliche finanzielle Mittel einsparen und, sofern sie gut verdienen, auch viel zu den Steuern und Abgaben beitragen, während andererseits Kinder für Familien in unteren Einkommensbereichen zum Armutsrisiko werden. Es mag richtig sein zu verlangen, dass Kinderlose das eingesparte Geld für die Sicherung im Alter zurückzulegen. Ich lasse dabei bewusst offen, ob für ihre eigene oder für eine sozial und solidarisch organisierte Alterssicherung. Jedenfalls käme es so zu einem Ausgleich zwischen den kinderlos Gebliebenen und denen, die zu ihrer eigenen Altersvorsorge auch für ihre Kinder aufkommen.

[11] H. Jonas, Das Prinzip Verantwortung, Versuch einer Ethik für technische Zivilisation, Frankfurt 1979, zitiert nach der Suhrkamp-Ausgabe 2003, 9.

Es wird jedenfalls erforderlich sein, besonnene Schritte einzuleiten, damit die kommende Generation ihre Alterssicherung aus solidarischer Versicherung und eigener Vorsorge erreichen kann. Eine schrille Zankerei zwischen Jung und Alt um künftige Ressourcen ist unerträglich. Ein Krieg der Generationen ist auf jeden Fall völlig unangebracht; noch immer gibt es ein gegenseitiges Geben und Nehmen zwischen den Generationen.[12] Alter ist ja nicht automatisch mit Isolation, Heimexistenz und Abhängigkeit gleichzusetzen, und der Jugendwahn vieler Unternehmen in unserem Lande ist kein Heilmittel unserer schwächelnden Wirtschaft. Panik ist vor allem dann nicht angebracht, wenn die Finanzierung der Systeme rechtzeitig angepasst wird. Schon heute wird nicht einmal die Hälfte der Bevölkerung gebraucht, um das „Sozialprodukt" zu erwirtschaften. Wenn auch die Zahl der Rentner steigt, wird die Zahl der Arbeitslosen sinken; das Reservoir an nicht berufstätigen, aber arbeitsfähigen Menschen ist in unserem Lande noch recht hoch[13]. Deshalb ist es wichtig, besonnene Schritte einzuleiten, damit die kommende Generation die Alterssicherung aus solidarischer Versicherung und eigener Vorsorge erreichen kann. Die Deutsche Bischofskonferenz und der Rat der Evangelischen Kirche haben im Jahr 2003 in einer gemeinsamen Erklärung einen Beitrag zur langfristigen Entwicklung der Alterssicherung vorgelegt und sich dabei vom Solidaritäts- und Subsidiaritätsgedanken leiten lassen.[14]

Das Hauptproblem des Generationenverhältnisses in der Zukunft wird jedoch kein materielles sein. Darum wird die steigende Zahl alter Menschen, die unaufhaltsame Veränderung des Altersaufbaus unserer Gesellschaft künftig aus anderen Gründen viel Aufmerksamkeit brauchen.

Wie gelingt es angesichts der Veränderung der Familienstrukturen und der sich aufweichenden Formen des Zusammenlebens Lebensräume und Lebensformen für alte Menschen zu finden, die ihrer Würde ent-

---

[12] Zur Altersthematik vgl. auch den Bericht von Bischof M. Hein für die Landessynode der Evangelischen Kirche von Kurhessen-Waldeck, 24. – 27.11.2003.

[13] Zahlen dazu z. B. bei Ulrike Herrmann, tageszeitung vom 26.08.03.

[14] Verantwortung und Weitsicht. Gemeinsame Erklärung des Rates der Evangelischen Kirche in Deutschland und der Deutschen Bischofskonferenz zur Reform der Alterssicherung in Deutschland. Herausgegeben vom Kirchenamt der Evangelischen Kirche in Deutschland und vom Sekretariat der Deutschen Bischofskonferenz.

15

sprechen? Entlastung wird es nur geben, wenn Nachbarschaften und Gemeinden ihre solidarischen Kräfte weiter entfalten.[15]
Wie gelingt es angesichts der steigenden Zahl von körperlich relativ stabilen, aber geistig verwirrten Menschen, die Pflege zu gewährleisten? Eine ausreichende Zahl von Pflegekräften ist kaum in Sicht.
Unter diesen Bedingungen vor allem muss die Generationenverantwortung deutlicher in den Blick kommen. Der Fortschritt der Medizin hat viel Segen gebracht. Viele Krankheiten, die früher unweigerlich zum Tode geführt haben, haben ihre Bedrohung verloren. Viele an Krebs Erkrankte können heute mit Chemo- und Strahlentherapie geheilt werden oder bekommen wenigstens eine früher nicht mögliche Lebensverlängerung geschenkt. Die durchschnittliche Lebenserwartung wird immer höher. Aber zugleich verlängert sich damit auch die Phase, in der sie zunehmend schwächer werden. Viele Menschen haben Angst, die sonst so segensreiche medizinische Technik könnte sie am Ende einer sinnlosen Lebens- und Sterbeverlängerung aussetzen. Sie haben Angst davor, dass sie selbst, ihre Angehörigen oder Freunde in eine Situation unerträglicher Leiden geraten, aus der kein Ausweg möglich scheint. In der Tat sterben vier von fünf Menschen nach einer langen Zeit abnehmender Kräfte und zunehmender Hilflosigkeit. In vielen Fällen ist der körperliche Zustand noch besser als die Kräfte ihrer Sinne. Und oft zieht sich das Sterben quälend lange hin.
So etwas löst Ängste aus, auch das eigen Sterben könnte unendlich lange dauern. Viele möchten deshalb über den Zeitpunkt ihres Todes gerne selbst bestimmen. Man spricht von selbst bestimmtem Sterben und stimmt den Forderungen zu, die aktive Sterbehilfe durch Ärzte gesetzlich zu erlauben. Man verweist auf entsprechende Gesetze in den Niederlanden und in Belgien. Am Anfang mag man bei der aktiven Sterbehilfe an einen Ausdruck der Freiheit denken und daraus einen Rechtsanspruch des Sterbenden ableiten, wenn man die Beendigung des Lebens mit Hilfe eines Arztes fordert. Aber ist damit bedacht, welche Zumutung denn eine solche Regelung für den Arzt bedeutet? Dessen Selbstverständnis ist auf Lebenserhaltung, nicht auf Lebensbeendigung gerichtet. Darauf müssen wir Menschen uns verlassen können. Wie viel Vertrauen könnten wir noch haben zu Ärzten, bei denen wir immer befürchten müssten, dass sie unseren Tod eigentlich für die bessere Wahl halten – und ihn deshalb vielleicht sogar befördern würden durch die Therapie ihrer

[15] Darauf hat H. Th. Goebel in einer Auslegung des Elterngebotes hingewiesen. Göttinger Predigten im Internet – www.goettinger-predigten.de, Februar 2002.

Wahl? Aus Tötungsregelungen würden sich schnell Zwangslagen für Sterbende entwickeln: Ein Verfügungsrecht über den Zeitpunkt des Todes würde sich in der Gesellschaft etablieren, welches die Einstellung zur Würde des Menschen verändert.

Ich fürchte, die Freiheit würde verspielt, in deren Namen die Legalisierung der aktiven Sterbehilfe gefordert wird. In dem von der Gesetzgebung geschaffenen Klima würden Sterbende sich allzu rasch ausschließlich als Last für ihre Umgebung empfinden und deshalb zur Bitte um Lebensbeendigung genötigt fühlen. Erfahrungen aus der Seelsorgepraxis machen deutlich, dass es schon jetzt eine der Hauptsorgen hoch betagter Menschen ist, anderen zur Last zu fallen.

Eine Rechtsordnung, die aktive Sterbehilfe zulässt, beschwört die Gefahr herauf, dass der uneingeschränkte Schutz des Lebensrechts aller Menschen noch an weiteren Stellen gelockert wird[16]. Was bewahrt davor, dass das Mitleid und die vorgebliche Freiheit selbstbestimmten Sterbens unter den Druck demographischer Kurven und beschwerlicher Rentenreformen geraten? In Zeiten knapper Kassen trauen viele der Qualität unseres Gesundheitssystems nicht mehr. Schon jetzt rechnen 61 Prozent damit, dass in Zukunft Patienten vor ihrer Zeit sterben müssen, weil vor allem an den Schwerkranken und Alten gespart werden wird. Lange Sterbeprozesse sind teuer – ökonomisch gesehen. Die aktive Sterbehilfe könnte das Problem verbilligen. Oder wie ist das häufig benutzte Argument zu verstehen, wir dürften uns nicht vom Fortschritt medizinischer Forschung abkoppeln und müssten deshalb Dinge tun, die wir zwar nicht

---

[16] Die Befürchtung, dass die ursprünglich intendierte enge Begrenzung nicht durchgehalten werden kann, wird durch die Entwicklung in unseren Nachbarländern bestätigt. In den Niederlanden wird nur rund die Hälfte der Fälle gemeldet, die Kontrollen haben sich als unzureichend erwiesen, die vorgeschriebene zweite medizinische Stellungnahme fehlt oft. Auch solche Patienten werden von ihrem Leiden „erlöst", die gar nicht erlöst werden wollen (Der Spiegel 30/2004). Diese Verstöße ziehen nur äußerst selten Untersuchungen, nie jedoch Sanktionen nach sich. Jede zweite Tötung wird in Belgien vom Pflegepersonal statt von Ärzten durchgeführt. Inzwischen befürworten manche, auch psychisch Leidenden ihren Sterbewunsch zu erfüllen, ohne dass die an einer tödlichen Krankheit leiden (Frankfurter Allgemeine Sonntagszeitung v. 28.03.2004; Süddeutsche Zeitung v. 18./19.9.2004). Das halte ich für eine schreckliche Tendenz, gerade auch wenn die Argumente für eine Legalisierung der Sterbehilfe meistens eine humane Verkleidung tragen und mit der Attitüde des Mitleids und im Namen der menschlichen Freiheit vorgetragen werden.

wollen, die aber ökonomisch unumgänglich scheinen? Schon spricht man von einer Lebensverlängerungsdiktatur der Medizin.[17] Da ist der Quantensprung vom persönlichen Wunsch nach bewusstem Sterben hin zum gesellschaftlich erwünschten, weil „sozialverträglichen" Sterben unausweichlich. Gerade in Deutschland wissen wir durch die Erfahrungen der Vergangenheit, wohin es führen kann, wenn Menschen von Dritten für nicht mehr lebenswert erklärt werden, statt in ihrer Schwäche, Krankheit oder Behinderung als Menschen akzeptiert und nach ihren Bedürfnissen umsorgt zu werden.

Die Alternativen zur Tötung sind umfassende Sterbebegleitung, Leidensminderung durch Schmerztherapie und die Betreuung durch Angehörige und in Hospizen. Ethisch verantwortbar und auch rechtlich erlaubt ist es, den Wunsch eines sterbenden Menschen zu respektieren, an ihm keine lebensverlängernden Maßnahmen mehr vorzunehmen und dem Sterbeprozess seinen Lauf zu lassen. Es geht darum, beim Sterben zu helfen[18]. Aber unerlässlich ist eine Grenze, die vor der nur scheinbar hilfreichen aktiven Sterbehilfe schützt.

III. ...wenn deine Kinder dich fragen

Blicken wir noch einmal auf das Elterngebot, um uns vor Augen zu stellen, welch bedeutende ethische Ressource es darstellt. Alle Welt spricht heute vom Ende der Familie und von der Ehe als einem Auslaufmodell. In der Tat sind die steigenden Scheidungszahlen erschreckend; die Bindungsbereitschaft hat stark abgenommen. Zugleich aber wächst gerade in dieser Zeit der Flüchtigkeit der Beziehungen eine neue Sehnsucht nach Stabilität. Das neuerliche Erstarken des Familienwunsches innerhalb der nachwachsenden Generation, den alle Jugendstudien registrieren, stellt eine erfreuliche Entwicklung dar. Junge Menschen bemühen sich, ihre Partnerschaft mündig zu gestalten, und die meisten lassen die-

---

[17] So z. B. Schievelbusch nach Süddeutsche Zeitung von 15.10.2003.

[18] Hier kommt in erster Linie der Möglichkeit eine besondere Bedeutung zu, für das Ende des Lebens Verfügungen zu treffen in Form von Patienten-, Vorsorge- oder Betreuungsverfügungen. Die können für den Arzt eine wichtige Entscheidungshilfe sein. Der Arzt jedenfalls hat die Entscheidung zu treffen, wann der unumkehrbare Zeitpunkt des Sterbeprozesses eingetreten ist. Denn Patientenverfügungen dürfen nur unter der Voraussetzung eines unumkehrbaren Sterbeprozesses gelten, nicht aber, wenn sie auf die Erfüllung eines Sterbewunsches zielen, ohne dass die Krankheit einen tödlichen Verlauf genommen hat.

se durch die Rechtsbindung Ehe schützen. Die hat ihren Wert nicht in sich selbst. Auch die Ehe ist um des Menschen willen da und nicht der Mensch um der Ehe willen.[19] Ihre lebensdienliche Aufgabe liegt vor allem in der Bereitstellung verlässlicher Beziehungen. Kinder sind ihren Eltern anvertraut, damit diese sie im Aufwachsen begleiten und schützen. Dazu gehören die leibliche Fürsorge, die Förderung der geistigen und seelischen Entwicklung, die Erfahrung von Liebe und Verlässlichkeit.

Die Sorge ist verbreitet, wie denn angesichts der Flüchtigkeit der Beziehungen Verlässlichkeit, Loyalität und Zielstrebigkeit wachsen können. Solche Tugenden werden in vielen Familien nicht mehr vermittelt, und die moderne Arbeitswelt scheint sie auch nicht mehr zu brauchen.

Vor diesem Hintergrund will ich die entscheidende Gabe des biblischen Elterngebotes betonen. Sie besteht darin, dass Väter und Mütter die Grundlagen für gelingendes Zusammenleben, nämlich den kulturellen Schatz von Werten und Lebenserfahrungen an die jeweils nächste Generation weitergeben und diese ihrerseits diese Grundlagen übernimmt, um sie auf ihre neue Situation hin zu entwickeln. Hier gilt es, die eigentliche, die wichtigste Generationenverantwortung wach zu halten, weil von der alles andere abhängt.

Bei der Taufe ihrer Kinder versprechen Eltern und Paten, ihren Kindern zu helfen, „dem in Jesus Christus gegenwärtigen, handelnden und offenbaren Gott zu begegnen" (Karl Barth). Unabhängig davon, ob Eltern ihr Kind haben taufen lassen oder nicht – wenn sie die geistige Entwicklung ihrer Kinder fördern wollen, müssen sie ihnen auch die kulturelle Überlieferung nahe bringen, die unser Land geprägt hat. Das ist für unseren Kulturkreis vor allem die jüdisch-christliche. So wie eine Gesellschaft dafür Sorge zu tragen hat, dass kommende Generationen saubere Erde und reines Wasser und den Artenreichtum von Fauna und Flora hinterlassen bekommen, so sind auch die geistigen und religiösen Traditionen zu bewahren.

---

[19] Die Statistiker sagen uns, dass die Zahl der Kinder bei denjenigen Frauen, die Kinder bekommen, in den letzten Jahrzehnten weitgehend unverändert geblieben ist. Was sich verändert hat, ist die Zahl derjenigen Frauen, die keine Kinder bekommen. Besonders bemerkenswert ist dabei der Anteil der Akademikerinnen, von denen gegenwärtig mehr als 40 Prozent kinderlos bleiben. Die Gründe dafür sind vielfältig. Aber es ist nicht zu übersehen, dass die Schwierigkeiten, den erlernten Beruf und die Begleitung der Kinder zu verbinden, eine maßgebliche Rolle spielen. Eine kinder- und familienfreundliche Gesellschaft braucht bessere Angebote für Eltern, damit sie Familie und Berufstätigkeit miteinander in Einklang bringen können.

„Wenn dich dein Sohn morgen fragen wird..."[20], so wird in der jüdischen Tradition das eingeleitet, was die Generationenverpflichtung ausmacht. An Kind und Kindeskinder soll es weitergegeben werden. *„Höre, Israel! ER ist unser Gott, ER allein. Du sollst IHN, deinen Gott, lieb haben von ganzem Herzen, von ganzer Seele, von all deiner Kraft."*[21] Das Glaubensbekenntnis Israels – faszinierend und eindrücklich. Von einer Generation zur anderen soll es getragen werden. – *„Du sollst diese Worte zu Herzen nehmen, den Kindern einschärfen. Wo du stehst und gehst, zu Hause und in der Fremde."*[22] Was ist so faszinierend an diesem Bekenntnis? Warum gilt es als so wichtig? Und warum hören Menschen heute so schwer, wenn es um das Absolute geht?

Der Herr, euer Gott, ist <u>Einer</u>. Dieses lebenswichtige Bekenntnis ist nicht ein Satz theoretischer Erwägungen und logischer Ableitung. Es ist die gesammelte Erfahrung einer gelebten Geschichte.

Die Kinder sollen es gesagt bekommen: *Eure Väter und Mütter waren Sklaven in Ägypten, sie sind in die Freiheit geführt worden.* Darum gilt es, Gott zu lieben von ganzem Herzen, von ganzer Seele und mit aller Kraft. Das ist ein Bollwerk gegen die selbst gemachten Götter und gegen die konstruierte Gottlosigkeit, gegen die Sehnsucht nach rückwärts, nach der sich rasch verklärenden Vergangenheit.

Das lassen Sie uns bedenken. Viele in unserem Land sind erzogen in atheistischem Geist, in dem einen Teil systematisch als Bestandteil eines Schulkonzeptes, in dem anderen Teil nebenbei, mit oberflächlich rationalistischen Vulgärsprüchen. Sie können Gottes Wirken nicht erkennen, vermögen sein Werk nicht zu ahnen; erklären Gott für eine Projektion menschlicher Ideale oder als Ausgeburt des Seufzens einer bedrängten Kreatur, als Opium des Volkes. Nur das Elend müsse beseitigt sein, und schon erweise sich jede Gottesvorstellung als überflüssig. So haben es die materialistischen Theoretiker erklärt, und so hat es sich im Westen ausgebreitet, auch wo Religionsunterricht erteilt wurde – gleichsam als ein platter Rationalismus, der nur die Oberfläche als wahr erkennt. Das wird ausdrücklich oder unter der Hand nach wie vor weitervermittelt in die neue Generation.

Es ist ein Irrweg des Denkens!

---

[20] Dt 6,20

[21] Das jüdische Sch.ma, das Glaubensbekenntnis aus Dt 6,4f.

[22] V. 6f.

Das Bekenntnis Israels ist nicht vorrational unaufgeklärt. Es ist erlebte Geschichte; religiöse Erfahrung, die nicht verfliegt, weder in den dunklen Phasen einer Jahrhunderte langen Verfolgungsgeschichte, noch dann, wenn kühle Rationalität sich über die Erlebnisse hermacht und sie zu pathologisieren trachtet.

Gerade wenn menschlich nichts mehr zu gehen scheint, gerade wenn rationale Konstrukte zu größenwahnsinnigen Staats- und Gesellschaftskonzepten gewuchert sind, gerade wenn terroristischer Irrsinn die Ratlosigkeit auf die Spitze treibt, erweist sich die Gotteserfahrung als Halt und als Gegengewicht. Wo diese Gotteserfahrungen in religiöse Beliebigkeit privatisiert oder ideologisch-propagandistisch verspottet werden, da brechen sie sich neu ihre Bahn. Menschen machen immer wieder die Erfahrung, dass die Wirklichkeit nicht aufgeht in dem, was einer zahlen oder berechnen kann. Heute entdecken immer mehr Menschen: Wo Gott abgeschafft oder verdrängt wird, entsteht ein Vakuum, in das neue Mächte einströmen, keine klaren rationalen, sondern verführerische: Mammon nennt das Jesus in der Bibel. Die Jagd nach Geld und Macht zerstört das Zusammenleben, drückt Schwache an die Seite, geht über Leichen.

ER, unser Gott, ist Einer – Höre Israel. – Das ist das Geschenk des Gottesvolkes an die Welt.[23] – Bitten wir um das absolute Gehör – um das Gehör für das Absolute. „Höre, Menschheit", so dürfen wir das Bekenntnis Israels abwandeln. Denn wir Christen haben es von Jesus, dem Juden, der uns und alle Völker einbezieht in die Erfahrung und die Geschichte seines Volkes. Von ihm wissen wir, dass dieser Gott die Verlorenen sucht und die Kleinen erwählt hat. Von ihm wissen wir, wie riskant das Leben in der Gottesmissachtung ist, das Leben der brutalen Ellenbogen-Gesellschaft und des Zynismus, das Leben des Brudermordes, der Frauenunterdrückung, der Kinderausnutzung und der Altenverachtung.

Einzig ist Gott – die Liebe ist seine Gestalt. Erzählt davon euren Kindern – zu Hause und auf Reisen! Macht auch handfeste Zeichen gegen die

---

[23] Darum ist es nicht hinzunehmen, wenn sich einzelne Politiker die Krankheit der europäischen Kultur, den Antisemitismus zu nutze machen, um im trüben Bodensatz der Vorurteile und im Dienst von Stammtischen nach Stimmen suchen. Der Antisemitismus traut sich ans Licht mit Anschlägen gegen jüdische Einrichtungen, mit Bedrohung jüdischer Bürger und ihrer Freunde. Wer Verantwortung trägt in unserem Land, darf sich dieser Stimmung nicht bedienen. Im Gegenteil – unsere Politik muss alles daran setzen, diese Unkultur in Grenzen zu halten. Das ist ihr demokratischer, humaner und christlicher Auftrag.

Engstirnigkeit. Darum tragen gläubige Juden beim Gebet Symbole an Stirn und Arm, haben am Türpfosten ihres Hauses den Behälter mit dem Stückchen Pergament, auf dem dieses Bekenntnis geschrieben steht: Höre, Israel, ER ist euer Gott, ER ist Einer". – Beim Eingang und beim Ausgang soll es beachtet werden. Es darf in den Abgründen des Leides und im Gewirr des äußerlichen Betriebs nicht vergessen werden. Kinder entdecken rasch, worauf die Eltern und auch die Großeltern in Glücks- und Krisenzeiten wirklich zurückgreifen, worauf sie „im Leben und im Sterben", im Erfolg und auch in den schweren Zeiten des Lebens unbedingt vertrauen. Sie erleben an ihren Eltern auch Lebenskrisen und Phasen des Zweifelns. Das ist recht so, denn Kinder brauchen keine perfekten Vorbilder, wohl aber Erwachsene, die ihren kritischen Fragen Rede und Antwort stehen. Eltern sollten sie darum frühzeitig mit dem Schatz der persönlichen und der familiären Glaubenserfahrungen bekannt machen. Wo sie selber unsicher sind, können sie sich der Angebote der Kirchengemeinden bedienen. Kinder können lernen, Gott einen Platz in ihrem Leben einzuräumen. Sie sollen es mit den Großen üben, seinem Wort zu vertrauen.

IV. Die globale Dimension von Gerechtigkeit und Solidarität

Wie viel Solidarität brauchen wir zwischen den Generationen? – Lassen Sie mich wenigstens noch einen kurzen Gedanken auf das „wir" in der Frage verwenden. In meinen bisherigen Ausführungen habe ich, sofern ich nicht bloß uns als Juden und Jüdinnen, als Christen und Christinnen gemeint habe, mit diesem „wir" die deutsche Gesellschaft und die Bundesrepublik als Sozialstaat bezeichnet. Wir Christinnen und Christen sollten aber immer wieder öffentlich daran erinnern, dass für uns als Gottes geliebte Kinder dieses „wir" die Gemeinschaft mit allen Kindern Gottes auf der ganzen Welt einschließen muss. Was dies konkret bedeutet, wird uns in den nächsten Jahren angesichts der EU-Osterweiterung und des von uns allen erhofften weiteren Zusammenwachsens Europas beschäftigen. Dass dabei die weltweite Gemeinschaft, insbesondere die Solidarität mit den Menschen in Afrika, nicht verloren geht, daran werden wir zu erinnern haben.

Ich bin, was die Stabilität und die Verlässlichkeit und auch die künftige Generationenverantwortung betrifft, ziemlich optimistisch. Denn der moderne Kapitalismus, der mit seinen neuen Kommunikationstechniken und der von den Menschen abverlangten Mobilität und Flexibilität die Flüchtigkeit hervorbrachte, hat auch Unbeabsichtigtes zur Folge. In den Menschen bricht eine starke Sehnsucht auf nach Verwurzelung, nach der Stärke des Ortes, zu dem sie gehören. Bei aller unabänderlichen Fluktuation suchen die Menschen nach Zugehörigkeit. Sie erkennen immer deutlicher, dass sie aufeinander angewiesen sind.[24] Der Schock des Seebebens im Indischen Ozean hat das unübersehbar deutlich gemacht. Das ist wohl auch der eigentliche Grund dafür, dass Ehe und Familie wenigstens in den Wünschen der heranwachsenden Generation einen so hohen Stellenwert haben.[25] Weil es in unserer pluralen Gesellschaft keinen anerkannten Wertekanon zu geben scheint, verstärkt sich das Bedürfnis nach Orientierung und verbindlicher Moral. Und gerade wenn es nur wenige Grundüberzeugungen gibt, die als nötig für ein gelingendes Zusammenleben gelten wie der Schutz des Lebens und der Würde, die Verlässlichkeit von Bindungen, das Vertrauen in Verträge, das Einhalten von gesetzlichen Regeln – gerade dann wirkt die Überschreitung solcher Normen umso schmerzlicher und wird die Einschärfung dieser Regeln von einer Generation zur nächsten um so dringlicher.[26]

Welcher Maßstab wird an Menschen angelegt, die Maßstäbe vermitteln; Väter und Mütter, Lehrerinnen und Lehrer, Frauen und Männer im Pfarramt und solche in politischer Verantwortung?

Welchen Bildern sollen sie entsprechen? Nach dem Maß welcher Erwartungen sollen sie handeln? Und welche Brüche entstehen, wenn die Erwartungen enttäuscht werden?

Die Welt ist schon gerettet, glauben wir Christen. Darum können sich Väter und Mütter, Lehrer und Lehrerinnen, Politiker und Politikerinnen, die unsere kulturelle Überlieferung weitertragen, getrost auf die Kunst des Möglichen konzentrieren. Gott sei dank müssen wir Gerechtigkeit nicht

---

[24] R. Sennet, Der flexible Mensch. Die Kultur des neuen Kapitalismus, Berlin 1998.

[25] Auf die äußeren materiellen Erfordernisse zur Familienförderung wie Tagesstättenplätze und Ganztagsschulen ist immer wieder hingewiesen worden, auch auf die Situation Alleinerziehender mit ihrem hohen Armutsrisiko. Hier geschieht – trotz einiger positiver Ansätze – immer noch längst nicht genug. Aber jenseits dieser materiellen Seite kommt es entscheidend darauf an, die jungen Menschen in unserem Land zu ermutigen, sich für Kinder zu entscheiden. Objektiv bedeuten Kleinkinder eine Einschränkung der Mobilität und eine Verringerung der materiellen Spielräume für die Erwachsenen. Aber die meisten Eltern erfahren, um wie viel das aufgewogen wird durch das Glück, heranwachsendes Leben verantwortlich begleiten zu können.

[26] Siehe: H. Petri, Der Verrat an der jungen Generation. Welche Werte die Gesellschaft Jugendlichen vorenthält, Freiburg 2002, 201f.

erfinden. Sie ist uns wie so vieles andere, was wir zum Leben und zum Gelingen unseres Zusammenlebens brauchen, in der jüdisch-christlichen Überlieferung vorgegeben.

Von daher lassen sich verlässliche Maßstäbe gewinnen zur Bewertung unseres Lebensstils, unserer Bildung und unserer sozialen Verantwortung, ...auf dass wir lange lebon und es uns wohlgehe auf dieser Welt, die uns Gott geschenkt hat.

OSWALT KOLLE

Alter und Sexualität

Alt werden ist nicht immer angenehm, unangenehmer allerdings ist es, nicht alt zu werden. Und dennoch: Jeder will alt werden, aber keiner will alt sein.

Deshalb haben wir nun die Senioren erfunden. Und für die wiederum ist es am unangenehmsten, wenn sie zwar ein längeres Leben haben, aber die späten Jahre nicht mit Leben füllen können. Und zum erfüllten Leben gehört für die meisten Menschen nun auch mal Liebe und Sexualität. Oder sollten sich die Senioren vielleicht besser auf das Spielen mit übergroßen Schachfiguren im Park beschränken und die Sexualität der Jugend überlassen?

Wenn ich einigen Philosophen und Sexualforschern glauben will, dann ist dieses Thema überhaupt kein Thema. Sie beziehen sich gern auf den alten Schopenhauer, den das Alter, so wörtlich „von dem tyrannischen Ungeheuer Sexualität" befreite. Der Sexologe Martin Danecker schließt messerscharf: „Eigentlich ist Sexualität im Alter von sich aus überhaupt nicht zu verstehen." Und der „Nackte Affe"-Autor Dennis Morris findet es eine Weltrekord-Leistung, dass in langdauernden Beziehungen überhaupt noch Sexualität stattfindet. Gehörte also Sexualität im Alter – von der Liebe mal ganz zu schweigen – überhaupt nicht zur Lebensqualität des alternden und alten Menschen? Ich weiß schon lange aus unzähligen Untersuchungen, Briefen und Diskussionen: Ältere und alte Menschen bewegt oft eine große Sehnsucht nach Liebe, Zärtlichkeit, Partnerschaft und Lust. Diese Menschen wissen auch, dass Liebe und Lust ihnen Kraft und Lebendigkeit schenkt und sie sogar gesund machen kann.

Lassen Sie mich deshalb zunächst über den Zusammenhang zwischen Sexualität und Gesundheit sprechen.

Ich will in einer Art Schnellgang servieren, was die Wissenschaft in den letzten Jahren zu diesem Thema herausgefunden hat: Befriedigende Sexualität verbessert das Immunsystem. Ein Orgasmus fördert die Produktion von sogenannten T-Killer-Zellen und erhöht den Spiegel des Glückshormons Endorphin. Ein Untersucher hat entdeckt, dass Frauen mit Brustkrebs, die regelmäßig Orgasmen hatten, mehr Chancen auf Heilung hatten als Frauen, die niemals einen Orgasmus erlebten. Sex während eines Migräne-Anfalls wirkt wie ein Schmerzmittel. Sexuell aktive Menschen fehlen weniger aus Gesundheitsgründen bei der Arbeit als sexuelle Asketiker. Ganz speziell für ältere Frauen gilt: Regelmäßige sexuelle Betätigung verstärkt die Beckenboden-Muskulatur und beugt damit der Blasenschwäche, der Inkontinenz, vor. Es werden dabei mehr Östrogene ausgeschüttet, was der Haut und den Haaren nützt und schließlich auch der Vorbeugung der Osteoporose, der Knochen-Entkalkung, dient. Und schließlich hilft befriedigende sexuelle Betätigung auch der Verdauung, weil die Bauchorgane dabei trainiert werden und durch den stärkeren Speichelfluss. Ein amerikanischer Arzt, Dr. Alexander Lowen, sieht sogar einen entscheidenden Faktor für Herzinfarkte im Mangel an Liebe und will festgestellt haben, dass sexuell aktive Menschen weniger infarktgefährdet sind als sexuelle Asketen.

Natürlich geht es nicht nur um die körperliche Gesundheit, sondern auch um die seelisch-mentale. Der deutsche Internist Dr. Klaus Franke (Bad Teinach) sagt: „Liebe und Sexualität sind das beste Mittel gegen Alterstraurigkeit." Das klingt nun alles sehr schön und sehr einfach: Genießt Eure Lust und Ihr werdet gesund. Aber dieser Internist spricht mir aus dem Herzen, wenn er feststellt: „Die Gesellschaft ist auf ihr jugendliches Image bedacht und schließt sich oft unkritisch dem Vorurteil der Jugend an. Die Jüngeren sind sich sicher, dass die Sexualität ihr Vorrecht sei und dass sich die Älteren nur lächerlich machen, wenn sie sexuelle Aktivität auch noch für sich beanspruchen. Die Senioren selber fühlen sich dadurch verunsichert. Sie möchten nichts Unschickliches, gar Unmoralisches tun, sie verleugnen und verdrängen ihre eigenen Wünsche und fügen sich in das Bild, das sich die öffentliche Meinung von ihnen macht."

Wo drückt die Älteren denn nun der Schuh?

Als ich vor mehr als dreißig Jahren mit meiner Aufklärungsarbeit in den großen Medien begann, wurde mir manchmal die Frage gestellt: „Warum überlassen Sie das nicht den Ärzten?" Und ich antwortete immer: „Weil ich Sexualität nicht für eine Krankheit halte." Dieser Meinung bin ich noch heute. Aber es gibt natürlich einige Gebiete, auf denen Ärzte als Vermittler und Therapeuten etwas für die Liebe und für die Sexualität tun können.

Mir kommt es zunächst auf etwas anderes an: Sexualität ist kein medizinisches Thema, auch wenn manche Medizin tatsächlich helfen kann. Wir Menschen sind mehr als eine funktionierende Maschine, die nur mit Hormonen und Vitaminen gefüttert werden muss um gängig zu bleiben, wir sind auch mehr als Instinkt oder Trieb, den man nur beim Älterwerden mit entsprechenden Pillen und Spritzen bearbeiten muss, um den schlafenden Riesen wieder zu wecken oder – wenn er noch zu wach ist – zu betäuben. Als Menschen entwickeln wir auch bestimmte Einstellungen und Haltungen zur Liebe und zur Sexualität, durch die wiederum unser Verhalten bestimmt wird.

Hier liegt auch das Problem einer 60-Jährigen die mir die Frage stellte, ob es nicht ein Medikament gebe, wodurch sie mehr Lust bekomme – oder wenigstens ein anderes Medikament, das die Lust ihres Mannes dämpfe. Nach einiger Korrespondenz und persönlichen Gesprächen stellte sich nämlich heraus, dass sie sich gar nicht weniger Sexualität wünscht – sondern nur eine andere Sexualität. Ihr 65-jähriger Mann ist unheimlich stolz darauf, dass er in seinem Alter noch so tolle Erektionen zustande bringt und will nun seiner Frau und sich selber ständig beweisen, was für ein leidenschaftlicher Liebhaber er ist. Seine Frau wünscht sich ein ruhigeres Fahrwasser: Zärtlichkeit, Wärme, Hautkontakt. Und statt der wilden Bewegungen eine stille, intensive Lust. Das hängt auch zusammen mit bestimmten körperlichen Veränderungen im Vaginalbereich der älteren Frau zusammen, über die später zu reden ist.

Wenn ich diese Geschichte jungen Frauen erzähle, dann schauen sie mich an als würde ich eine unverständliche Anekdote aus dem Krieg 1870/71 berichten: Warum sagt sie ihm nicht, was sie will? Es sind diese jungen Frauen, die knallhart sagen: „Mein Freund, was du tust, bringt mir nichts." Und vielleicht am nächsten Morgen ausrufen: „Du bist mir noch einen Orgasmus schuldig!", wenn es nicht so recht geklappt hat.

Nein, viele Angehörige der älteren Generation können nicht so frei über Sexualität sprechen, selbst wenn sie es wollten. Das hat einen ganz einfachen Grund: Unsere Einstellung zur Sexualität wird in der frühen Jugend geprägt – und in der Jugend der heute über 60-Jährigen war Sexualität ein wirklich unbesprechbares Tabu für die Mehrheit der Menschen. Sie sind aufgewachsen mit der Idee: Man tut es in der Ehe, aber auch wenn man es da tut, man spricht nicht darüber. Zur Sprachlosigkeit kam die Angst: Angst vor Schwangerschaft, Angst vor den Eltern, Angst vor moralischer Ausgrenzung, Angst vor Krankheiten, Angst davor, nicht normal zu sein, wenn man bestimmte Wünsche hatte. Eine schreckliche lustfeindliche und menschenfeindliche Sexualmoral hatte die jungen Menschen in den fünfziger Jahren im Griff und zwang sie zu Lügen und Heuchelei. Und die meisten jungen Menschen von damals hatten diese Moral verinnerlicht, internalisiert. Und das wirkt oft bis heute nach, so intensiv, dass ältere Frauen manchmal erschrecken, wenn sie nach dem Tod des geliebten Partners oder nach einer Scheidung feststellen müssen, dass sie sexuelle Empfindungen haben, die doch nach ihrer alten

Moral nur verknüpft mit der großen Liebe auftauchen dürfen. Wieso verspüren sie dann einfach Lust, wieso erleben sie einen Orgasmus mit einem ziemlich fremden und keineswegs geliebten Partner, während sie doch während ihrer ganzen Ehe nur selten einen Orgasmus hatten, wieso verspüren sie Lust zum Masturbieren? Das sind Fragen, die ich immer wieder von älteren Frauen höre – seltener von alten Männern. Die machen sich meist nur Sorgen, ob das Masturbieren nicht ihre Potenz stören könne.

Aber selbst wenn Frauen und Männer sich im Laufe der Jahre von diesen unterdrückenden und beklemmenden Ideen über Sexualität befreien konnten, selbst wenn die Frauen beweglicher und die Männer zärtlicher geworden sind, im Alter tauchen neue Probleme auf. Da ist von der Einsamkeit zu sprechen, dem größten Hindernis für das Erlebnis Liebe, da ist aber auch zu sprechen von ermüdeten Beziehungen, die man einfach nicht wieder wachrütteln kann, weil sie erstarrt sind in Routine.

Das ist das Negative. Wo bleibt das Positive?

Der Chemnitzer Sexualforscher Siegfried Schnabl hat nach einer großen Untersuchung festgestellt : „Je besser die Ehe generell geht, je befriedigender das bisherige Sexualleben verlief, je positiver die Einstellung beider Partner zueinander, zum Sex und zur Lust ist – desto besser die Aussicht, dass die Sexualität lange und erfüllend erhalten bleibt."

Für Paare, die sich ihre Lust und Sexualität erhalten wollen, ist es deshalb außerordentlich wichtig, dass sie so offen und ehrlich wie möglich miteinander kommunizieren. Wenn es ihnen schwer fällt, das mit Reden zu tun dann gibt es immer auch den nonverbalen Weg durch Gesten und Zärtlichkeiten. Noch wichtiger ist der Rat, die Sexualität nicht ganz einschlafen zu lassen. Auch hier gilt: Wer rastet, der rostet. Oder anders ausgedrückt: Use it or loose it – gebrauch's oder verlier es. Und das allerwichtigste ist: Die älteren Menschen müssen – wenn sie das schon früher nicht getan haben – spätestens jetzt einsehen, dass Sexualität keine Leistung ist, die vollbracht werden muss, sondern ein freiwilliges lustvolles Spiel.

Der Leistungsmann wird verbissen um eine Erektion kämpfen und gerade deshalb keine Erektion erreichen, weil sich der kleine Krisenstab beim Mann nun mal nicht kommandieren lässt. Die Leistungsfrau wird ebenso verbissen daran arbeiten, dass der Mann auch wirklich eine volle Erektion zustande bringt, weil sie sonst das Gefühl hat, sie sei nicht mehr attraktiv oder der Mann liebe sie nicht. Ebenso wird sie um jeden Preis einen Orgasmus erreichen wollen und dadurch nicht zu der nötigen Entkrampfung kommen.

Aber auch wenn die innere Einstellung stimmt, wenn beide Partner wirklich Sexualität miteinander genießen wollen, kann es zu Störungen kommen, weil der Körper im Alter und bei bestimmten Krankheiten wie Diabetes oder Bluthochdruck nun mal anders reagiert als beim jungen und gesunden Menschen. Hier kann und muss der Arzt helfen – aber eine Vorraussetzung dafür ist, dass der Patient / die Patientin auch die sexuellen Probleme bespricht. Leider erhalte ich viele Briefe, in denen mir Menschen schreiben, ratsuchend, die hinzufügen: „Mit meinem Arzt traue ich mich nicht darüber zu sprechen, das wäre mir peinlich."

Frauen nach der Menopause sprechen mit Ihrem Arzt über alles, nur nicht über die Lustgefühle und die Schwierigkeiten beim Verkehr. Verwunderlich ist das nicht in einer Gesellschaft, die ältere Menschen ausgrenzt und ihnen das Gefühl gibt: Wenn du Falten hast, wenn du müde bist, wenn du nichts mehr leistest, dann bist du auch nichts wert und dann bist du auch für uns als Gesellschaft und für individuelle Partner nicht mehr attraktiv.

Als eine der Schaltstellen dieser Gesellschaft kann und sollte der Arzt dieses Thema auch mal von sich aus anschneiden und nicht nur darauf warten, dass der Patient / die Patientin vielleicht beim Hinausgehen zögerlich stockt: „Da wäre noch etwas..." – wenn überhaupt.

Geschätzt wird, dass in Deutschland zwischen fünf und acht Millionen Männer an mehr oder weniger schweren sexuellen Funktionsstörungen leiden. Zu viele dieser Männer wenden sich nicht an einen Arzt, aus Scham über ihre Schwäche. Vielleicht hilft es diesen Männern, wenn man ihnen klar macht: Eine Erektionsstörung kann auch ein Signal für eine andere Krankheit sein. Bis vor sechs Jahren konnte man diesen Männern nur schwachen Trost spenden: Solange du deine Finger und deine Zunge hast, bist du nicht impotent. Vergessen wurde dabei, dass den Mann ohne Erektion Lustlosigkeit überfällt. Technische Hilfsmittel wie die Vakuumpumpe oder Penisstützen förderten nicht die spontane Sexualität, die Erektionsspritze empfanden viele Männer als peinlich. Erst mit der Einführung von Viagra – später gefolgt durch andere Medikamente – kann diesen Männern endlich geholfen werden. Viagra hat sich in diesen sechs Jahren bewährt als sicheres, risikofreies Medikament, aber auch als Tabubrecher, das es Männern leichter macht über ihr Problem zu sprechen. Manchmal höre ich den Einwand, durch Viagra könne es nicht mehr zu einer spontanen Begegnung kommen. Das Gegenteil ist der Fall. Mit der kleinen blauen Pille erst ist wieder spontane, zärtliche Sexualität ohne den Erektions-Stress für beide Partner möglich. Das betrifft besonders Diabetiker und Männer nach einer Prostataekto-

29

mie: Erfahrungen der letzten sechs Jahre zeigen deutlich, dass viele Männer auch dann noch mit Hilfe von Viagra zu einer normalen Erektion fähig sind. Ich gehe nicht ganz so weit wie Professor Porst in Hamburg, der nach Viagra von einer zweiten sexuellen Revolution spricht, aber die Männer, die endlich wieder normale Sexualität empfinden, werden ihm recht geben.

Auch bei Frauen sind es nicht nur gesellschaftliche Vorurteile und Ängste, die sie manchmal daran hindern, ihre Sexualität zu genießen. Nach der Menopause sind sie zwar frei von der Furcht vor Schwangerschaft, sie brauchen nicht mehr dauernd an die Verhütung zu denken, aber dann tauchen oft körperliche Probleme auf. Durch das Absinken des Östrogen-Spiegels in der Menopause verändert sich nicht nur die Libido, die Lust auf Sexualität, auch das ganze körperliche und seelische Wohlbefinden kann angetastet werden.

Ältere Frauen leiden häufig an Schmerzen, Brennen und Jucken im Genitalbereich – verständlicherweise keine Aufforderung für eine genussvoll erlebte Sexualität.

Auch beim Wunsch nach sexueller Erregung fehlt oft die notwendige Feuchtigkeit für den Verkehr. Allen Frauen, die trotzdem eine gewisse Scheu vor der Einnahme von Östrogenen haben, muss gesagt werden, auch vom Allgemein-Mediziner, vom Hausarzt: Es gibt auch Hormonpräparate, die lokal wirken und nicht systemisch den ganzen Körper belasten. Solche Präparate wirken also nur im Vaginalbereich und erreichen dort häufig eine positive Veränderung – ob sie in Salbenform oder als Zäpfchen oder in Form des Östrogen-Rings gegeben werden, ist der einzelnen Frau überlassen. Die Akzeptanz des Vaginalrings, der von der Frau selber eingesetzt werden kann und drei Monate in der Vagina verbleibt, ist weltweit außerordentlich hoch.

Vorraussetzung für die Akzeptanz solcher medikamentösen Hilfen ist natürlich, dass Frauen und Männer im Alter ihre eigenen sexuellen Bedürfnisse überhaupt annehmen. Zu viele ältere Frauen zweifeln an ihrer eigenen Attraktivität, anstatt sich darauf zu besinnen, dass ihre Attraktivität nicht mehr in der faltenlosen jungen Haut sondern an ihrem Potential an Zärtlichkeit, der Kenntnis ihrer eigenen und der sexuellen Wünsche des Mannes liegt.

STEFANIE RITZ-TIMME

Gewalt gegen Alte in Familie, Krankenhaus und Heim.
Eine rechtsmedizinische Bestandsaufnahme

I. „Gewalt gegen Alte" und Rechtsmedizin

Die rechtsmedizinische Sicht auf das Thema „Gewalt gegen Alte" ist sehr unmittelbar und geprägt durch eigenes Erleben bei der Bearbeitung entsprechender Fälle. Rechtsmediziner sind in die Untersuchung nichtnatürlicher Todesfälle involviert, indem sie Obduktionen sowie weiterführende Untersuchungen zur Klärung von Todesursache und Todesumständen durchführen. Bei lebenden Opfern von Gewalt dokumentieren und beurteilen Rechtsmediziner erlittene Verletzungen oder Hinweise auf Gewalt. Im Verdachtsfall asservieren sie (z.B. nach sexualisierter Gewalt) Spuren oder (z.B. bei Vergiftungsverdacht) Material für chemischtoxikologische Untersuchungen. Die sachverständige Beurteilung der zu erhebenden Befunde durch Rechtsmediziner unterstützt die Aufdeckung und Aufklärung von Gewalttaten gegen Alte maßgeblich.

Die Diagnostik der Folgen von Gewalt an alten Menschen setzt eine eingehende, ärztliche/rechtsmedizinische Untersuchung sowie einen ganzheitlichen, oft interdisziplinären Beurteilungsansatz voraus. Für eine sachgerechte Interpretation erhobener Befunde sind einschlägige Erfahrungen des Untersuchers sowie die Kenntnis möglicher Formen von Gewalt und deren Folgen unabdingbar.

II. Formen der Gewalt und ihre Nachweisbarkeit

Generell gilt, dass es nichts gibt, was es nicht gibt. Dennoch lassen sich die am häufigsten auftretenden Formen von Gewalt wie folgt zusammenfassen:

- *Körperliche Gewalt*:
  Schlagen, Schütteln, Kneifen, zwangsweises Verabreichen von Medikamenten, andere Zwangsmaßnahmen ...
- *Emotionale/psychische Gewalt:*
  Verbale Aggression, Androhungen, Schikanen, soziale Isolation …
- *Sexuelle Gewalt:*
  Nicht erwünschte sexuelle Übergriffe, erzwungene Nacktheit …

- *Finanzielle/materielle Ausnutzung:*
  Missbrauch oder Diebstahl von Geld oder Vermögen, Zwang oder Täuschung bei Vertragsunterschriften o.ä. …
- *Vernachlässigung:*
  Mängel in der Versorgung mit Nahrung, Pflege, Sicherheit, Zuwendung …

Schon aus dieser Auflistung möglicher Formen der Gewalt ergibt sich, dass Gewalt nicht immer sichtbare körperliche Spuren hinterlassen muss.

Nach Einwirkung körperlicher oder sexueller Gewalt sowie bei körperlicher Vernachlässigung können solche Spuren der Gewalt allerdings erkennbar sein. Die Beurteilung der bei alten oder erst recht bei hochaltrigen Gewaltopfern erhobenen Befunde kann jedoch außerordentlich schwierig sein. Die in hohem Lebensalter nahezu regelmäßig vorliegenden Begleiterkrankungen mit entsprechender Medikation können zu diagnostischen Problemen führen. Werden beispielsweise unterschiedlich alte, ausgedehnte Blutergüsse am gesamten Körper festgestellt, so wäre dies beim jungen, gesunden Menschen eindeutig als Hinweis auf wiederholte, erhebliche körperliche Misshandlungen zu deuten. Dagegen treten große differentialdiagnostische Schwierigkeiten auf, wenn solche Befunde bei einem alten Menschen erhoben werden, der beispielsweise nach einem künstlichen Herzklappenersatz gerinnungshemmende Medikamente erhält. Bei durch solche Substanzen verursachter Blutungsneigung können Blutergüsse schon bei geringster Belastung der Körperoberfläche, z.B. auch im Rahmen pflegerischer Maßnahmen, entstehen. Möglicherweise kann eine solche Konstellation aber auch darauf hindeuten, dass die gerinnungshemmenden Mittel überdosiert wurden. Wenn das so wäre, würde sich die Frage ergeben, warum die Medikamente falsch dosiert wurden.

So schön dieser Erfolg auch ist – er dürfte angesichts des wahrscheinlich sehr großen Dunkelfeldes nicht erkannter Gewalttaten gegen alte und hochaltrige Menschen einem „Tropfen auf einem heißen Stein" gleichkommen.

III. Das Dunkelfeld

Wir müssen davon ausgehen, dass wir nur einen Bruchteil dessen sehen, was wirklich geschieht. Neben den oben dargestellten Problemen der Aufdeckung von Gewalt gegen Alte spielen dabei die Lebensumstände der Betroffenen eine Rolle. Der alte Mensch in der häuslichen

Umgebung oder in stationären Einrichtungen ist häufig abgeschirmt. Zudem wollen oder können sich alte Menschen oftmals nicht entäußern, beispielsweise aufgrund ihres Gesundheitszustandes, einer emotionalen Bindung an die misshandelnde Person(en), aus Angst, aus Scham oder aus anderen Gründen.

In Repräsentativbefragungen ermittelte Prävalenzraten für häusliche Gewalt gegen alte Menschen liegen zwischen 4% und 9%; daran gekoppelt ist allerdings eine „Eisbergtheorie", nach der auf einen erfassten Fall fünf weitere kommen, die unentdeckt bleiben (Sowarka et al. 2002). Die in der Literatur verfügbare Datenbasis über Gewalt gegen Alte in stationären Einrichtungen ist unzureichend; es kann aber kein Zweifel daran bestehen, dass auch hier Gewalt stattfindet, wie im übrigen auch der unten dargestellte Fall (Kasuistik 2) belegt.

Hochinteressante, aber auch sehr beunruhigende Daten in diesem „schwer zugänglichen Forschungsgebiet" konnten Thoma et al. (2004) erheben, indem sie einen kurzen Gewaltfragebogen einem umfangreichen Erhebungsinventar im Rahmen einer Längsschnittstudie zur Belastung pflegender Angehöriger demenziell Erkrankter beifügten. Die Formulierung der Items wurde „bewusst schonend gewählt, um die Compliance der Studienteilnehmer nicht zu gefährden und Verständnis zu deren Situation zum Ausdruck zu bringen". Von 888 befragten Angehörigen (44% Partner, 43% Kinder sowie 13% sonstige Angehörige Erkrankter) gaben 68% (!) zu, während „der letzten zwei Wochen (!) einmal oder öfter mindestens der folgenden abgefragten Formen von Gewalt angewendet zu haben: „Mir rutschen meinem Angehörigen gegenüber abfällige Bemerkungen heraus."; „Ich drohe meinem Angehörigen oder schüchtere ihn ein."; „Ich fasse meinen Angehörigen bei der Pflege schon mal härter an.";„Ich schränke meinen Angehörigen in seiner Bewegungsfreiheit ein." Die Gewalt, die hier zugegeben wird, wird in der Regel nicht bekannt, sie bleibt im Dunkelfeld.

IV. Gewalt gegen alte Menschen im häuslichen Bereich:
Phänomenologie

Alte Menschen haben ein besonders hohes Risiko, in häuslichem Umfeld Opfer von Gewalt zu werden, wenn

- sie selbst über 80 Jahre alt sind, aufgrund eines schlechten Gesundheitszustand pflegeintensiv sind, in vorbestehende Konflikte mit den Pflegenden verwickelt waren, wenig soziale Kontakte nach außen haben, verarmt sind und/oder

- die (in diesen Fällen misshandelnden) Kontaktpersonen mit der Pflege überfordert sind, sich in Konfliktsituationen befinden, psychisch auffällig sind oder einen Substanzmissbrauch betreiben, gewalterfahren sind und/oder wirtschaftliche Probleme haben.

Die im folgenden dargestellte *Kasuistik 1* belegt einige dieser Risikofaktoren; sie zeigt aber auch, wie vielschichtig der Boden sein kann, auf dem Gewalt gegen alte Menschen entsteht:

Kasuistik 1

Vorgeschichte: Die Ehefrau des 86 Jahre alt gewordenen Herrn E. teilt ihrem Hausarzt mit, dass sie ihren Mann etwa 3 Stunden (!) zuvor tot aufgefunden habe. Eine Bereitschaftsärztin, die Herrn E. nicht kennt, stellt (nach eingehender Leichenschau (?)) den Tod fest; sie habe einen „Sekundenherztod" angenommen, nachdem die Ehefrau des Herrn E. angegeben habe, dass dieser unter einer koronaren Herzkrankheit gelitten habe. Wegen des hohen Lebensalters sei ein natürlicher Tod plausibel gewesen. Die Kinder aus der ersten Ehe des Herrn E. stellen dennoch Strafanzeige gegen die jetzige Ehefrau wegen Freiheitsberaubung mit Todesfolge. Die Ehefrau habe Herrn E. regelmäßig Gift in Form von Tee verabreicht. Die Pflanzen für diesen Tee seien selbst gesammelt worden.

Ermittlungsergebnisse: Gegen die Ehefrau des Verstorbenen, Frau E., sei 6 Jahre zuvor ein Ermittlungsverfahren wegen Freiheitsberaubung eingeleitet worden; sie habe ihre eigene Mutter „entführt", diese sei in ihrer „Obhut" rasch verstorben, Frau E. habe viel geerbt. In den 80er Jahren habe sie eine ältere Person gepflegt; diese habe ihr gesamtes Vermögen an Frau E. vererbt. Durch den Tod ihres Mannes sei sie Alleinerbin eines großen Vermögens. Frau E. sei zunächst Haushälterin bei dem 33 Jahre älteren Herrn E. gewesen; nach 6 Monaten sei es zu einer „heimlichen" Hochzeit gekommen. Zwei Wochen vor seinem Tode habe ihr Mann sein Testament zugunsten von Frau E. geändert. Nach Zeugenbeobachtungen habe Frau E. ihren Ehemann häufig misshandelt, und zwar durch permanentes Einsperren, Wegnahme von Kleidung, Beschimpfungen, Vorenthalten von Medikamenten, völliger Bestimmung der Art der Nahrungsaufnahme, „Essverbot", Verabreichung von Nahrung gegen den Willen (wie „2-3 Liter Tee mit Bier pro Tag...) sowie Schlagen mit sichtbaren Verletzungen. Dieses Fehlverhalten habe nach der Testamentsänderung noch zugenommen. Herr E. sei nach Zeugenangaben zunächst „rüstig und klar", in den letzten Monaten aber immer

„schwächer" gewesen, zuletzt habe er auch unter „Orientierungsstörungen" gelitten.
Ergebnisse rechtsmedizinischer Untersuchungen: Bei der Obduktion wurden folgende wesentliche Befunde erhoben: Zahlreiche unterschiedlich alte Rippenbrüche (Ursache ?), fortgeschrittene Lungenentzündung, Atherosklerose („Arterienverkalkung") sowie Zeichen der chronischen Sauerstoffmangelschädigung des Herzens ohne Nachweis frischer Schäden. Bei den im Nachgang durchgeführten chemisch-toxikologischen Untersuchungen ergab sich kein Hinweis auf eine Vergiftung. Bei fehlendem Nachweis einer Vergiftung wurde davon ausgegangen, dass die Lungenentzündung bei chronischer Herzvorschädigung zum Tode führte. Die festgestellten Rippenbrüche, deren Genese ungeklärt blieb, dürften über schmerzbedingt verminderte Atemexkursionen die Entstehung einer Lungenentzündung begünstigt haben. Bei rechtzeitiger Einschaltung eines Arztes hätte das Leben des Herrn E. zumindest verlängert werden können.

V. Gewalt gegen alte Menschen in stationären Einrichtungen: Phänomenologie

In stationären Einrichtungen haben alte Menschen ein besonders hohes Risiko, Opfer von Gewalt zu werden, wenn

- sie selbst über 80 Jahre alt sind, aufgrund eines schlechten Gesundheitszustand pflegeintensiv sind, im Umgang schwierig sind, wenig soziale Kontakte nach außen haben und/oder
- die Pflegenden an ihrem Arbeitsplatz überfordert sind, eine niedrige Arbeits- und Lebenszufriedenheit aufweisen, am Arbeitsplatz strukturelle Mängel bestehen, sich beruflich oder privat in Konfliktsituationen befinden, psychisch auffällig sind und/oder einen Substanzmissbrauch betreiben.

Mehrere dieser Risikofaktoren finden sich in der nachfolgend dargestellten *Kasuistik 2* wieder:

Kasuistik 2:
Vorgeschichte: Der Ex-Ehemann einer Krankenschwester hörte zufällig ein Telefonat mit, in dem eine Kollegin seiner Frau berichtet, Frau K. (eine Schwesternhelferin) habe „wieder einen Patienten abgespritzt". Er forderte seine Ex-Frau auf, die Polizei einzuschalten. Als sie das (aus Angst vor den Kollegen) nicht tat, teilte er den Sachverhalt anonym der Polizei mit.

Ermittlungsergebnisse: Bei den polizeilichen Vernehmungen der Krankenpfleger(innen) im beruflichen Umfeld der Frau K. („Sterbestation", Patienten mit infauster Prognose) ergaben sich widersprüchliche Aussagen: „Frau K. ist absolut zuverlässig", „Beschuldigungen sind unhaltbar", „Frau K. hat sich vorbildlich gerade um Sterbende gekümmert", „Es verstarben auffallend viele Patienten, wenn Frau K. Dienst hatte", „Sie selber berichtete häufiger, dass sie „Morphin satt" gegeben und jemanden `rüber geholfen habe". Nach dem Ermittlungsergebnissen wurden die Vorschriften des Betäubungsmittelgesetzes auf der Station grob verletzt. Angebrochene Morphin-Ampullen wurden nicht sachgerecht entsorgt, Morphin war faktisch frei verfügbar.

Ergebnisse rechtsmedizinischer Untersuchungen: Die Prüfung zahlreicher Krankenakten ergab, dass von der Untersuchung „alter" Fälle nach Exhumierung wenig Daten zur Klärung der Anschuldigungen zu erwarten waren (chronische Morphingaben, lange Liegezeiten). Nur aufgrund eines Zufalles war die Obduktion des Leichnams eines zeitnah zur Meldung an die Polizei verstorbenen Mannes möglich, nachdem der Leichnam (nach ca. 14 Tagen!) noch nicht kremiert worden war. Die Obduktionsergebnisse bestätigten die bekannten klinischen Diagnosen; es wurden ein fortgeschrittenes Krebsleiden mit Metastasierung, Vorschäden des Herzkreislaufsystems sowie eine herdförmig ausgeprägte Lungenentzündung festgestellt. Trotz dieser erheblichen Vorerkrankungen fand sich kein Hinweis auf ein akutes krankhaftes Geschehen, das den Todeseintritt zweifelsfrei hätte erklären können; die konkrete Todesursache war morphologisch nicht fassbar. Aus diesem Grund wurden chemisch-toxikologische Untersuchungen empfohlen und durchgeführt. Dabei wurden sehr hohe Konzentrationen (insbesondere freien) Morphins im Blut nachgewiesen. Nachdem der Verstorbene nicht morphingewohnt (Morphin wurde erst 2 Tage vor dem Tod angesetzt) war, war eine Morphinvergiftung als Todesursache anzusehen. Die festgestellten Blutkonzentrationen konnten nicht durch die in der Krankenakte dokumentierten Gaben erreicht werden. Es musste entweder sehr schnell intravenös (statt wie dokumentiert subkutan) injiziert oder eine viel größer Menge gegeben worden sein.

Hauptverhandlung und Urteil: Durch die Anhörung der Zeugen während der Hauptverhandlung wurden die Ermittlungsergebnisse bestätigt, insbesondere der „lockere" Umgang mit Morphin, zumindest bei Patienten mit infauster Prognose. Ein Sohn des Verstorbenen berichtete, dass sein Vater keinesfalls einen Wunsch nach Sterbehilfe geäußert habe. Er habe vielmehr geäußert „das kann doch nicht alles gewesen sein" und sich noch am Todestag an Vorbereitungen seines geplanten Umzuges nach Entlassung aus der Klinik beteiligt. Der Verteidiger der Frau K. sah die Tat als „engagierte Sterbebegleitung". Frau K. wurde schließlich wegen eines minderschweren Falls von Totschlag zu 4 Jahren Haft verurteilt.

VI. Fazit

Die Kasuistiken belegen, dass Gewalt gegen Alte offenbar jedes Ausmaß annehmen kann, bis zur Herbeiführung eines vorzeitigen Todeseintrittes. Selbst bei tödlichem Ausgang bleibt Gewalt gegen Alte nicht nur häufig, sondern vermutlich in der Regel unentdeckt; entsprechend wurden beide dargestellten Fälle zufällig aufgedeckt.

Der Handlungsbedarf liegt auf der Hand. – Das Problem der Gewalt gegen alte Menschen muss interdisziplinär behandelt werden, insbesondere durch

- die Aufhellung des Dunkelfeldes durch bessere Ausbildung der (behandelnden und leichenschauenden) Ärzte,
- die Gewährleistung einer ausreichenden wirtschaftlichen, gesundheitlichen und sozialen Versorgung alter Menschen,
- eine ausreichende Unterstützung aller Pflegenden (im häuslichen und stationären Bereich) und niedrigschwellige Hilfsangebote,
- die Verbesserung der Qualitätssicherung im stationären Bereich sowie
- die Deckung des Forschungs-, Aufklärungs-, Handlungs- und Beratungsbedarf zur Gewaltthematik.

Literatur

Sowarka, D., Schwichtenberg-Hilmert, B., Thürkow, K. (2002) Gewalt gegen ältere Menschen: Ergebnisse aus Literaturrecherchen. http://www.dza.de/download/DP_36.pdf

Thoma, J., Zank, S., Schacke, C. (2004) Gewalt gegen demenziell Erkrankte in der Familie: Datenerhebung in einem schwer zugänglichen Forschungsgebiet. Z Gerontol Geriat 37: 349-350

Tsokos, M., Huckenbeck, W. (2003) Dekubitus – Schlamperei, kein Kavaliersdelikt. SeroNews IV, 138-147

Tsokos, M., Heinemann, A., Püschel, K. (2000) Pressure sores: epidemiology, medico-legal implications and forensic argumentation concerning causality. Int J Legal Med 113: 283-287

MAREN WELSCH

Das Antlitz der Alten. Das Phänomen des Alterns in der Kunst

So zahlreich die Bilder sind, die der Mensch von sich und seinesgleichen in der bildenden Kunst geschaffen hat, so vielfältig sind auch die Aspekte des Menschseins, die zur Abbildung gelangen. Darstellungen des alten Menschen gibt es viele, und es ist dabei belanglos, ob es sich um eine naturalistische oder idealisierte Wiedergabe handelt. Um so überraschender ist es, dass der alte Mensch im eigentlichen Sinne weder „Thema" noch „Gattung" der Kunst ist. Das Alter des Abgebildeten ist nur ein Gesichtspunkt unter anderen, die in einem Kunstwerk mit einer Vielzahl von Wirkungs- und Bedeutungskategorien verwoben sind – unabhängig davon, ob es sich bei der Darstellung um ein Porträt, eine Allegorie, eine Genreszene oder Historie handelt oder in welchem Jahrhundert das Kunstwerk entstanden ist.

Aus kunsthistorischer Sicht ist es deshalb wenig erstaunlich, dass es kaum spezifische Untersuchungen zum Thema Alter in der Kunst gibt. In der bekannten großen Berliner Jubiläumsausstellung *Bilder vom Menschen in der Kunst des Abendlandes*[1] hatten sich die Darstellungen von betagten Menschen ohne besondere Hervorhebung in die einzelnen Kapitel eingefügt. Lediglich in Braunschweig wurde 1994 eine große Ausstellung den *Bildern vom alten Menschen in der niederländischen und deutschen Kunst 1550-1750*[2] gewidmet, und nur eine Publikation geht diesem Thema in der jüngeren deutschen Kunstgeschichte nach, wenngleich hier eher gesellschaftspolitische denn künstlerische Gesichtspunkte im Vordergrund stehen.[3] Anschauungsmaterial gibt es jedoch reich-

---

[1] Vgl. Ausst.-Kat. *Bilder vom Menschen in der Kunst des Abendlandes.* Jubiläumsausstellung der Preußischen Museen Berlin 1830-1980. Hrsg. Staatliche Museen Preußischer Kulturbesitz Berlin 1980.

[2] Vgl. Ausst.-Kat. *Bilder vom alten Menschen in der niederländischen und deutschen Kunst 1550-1750. Das Alter in Kunst und Kultur.* Hrsg. Herzog Anton Ulrich-Museum Braunschweig 1993.

[3] Bettina Ullrich, *Das Alter in der Kunst: Die Darstellung des alten Menschen in der bildenden Kunst des zwanzigsten Jahrhunderts.* Oberhausen 1999. Diese Arbeit konzentriert sich auf Werke, die in der Zeitspanne zwischen Weimarer Republik und kritischem Realismus in der DDR geschaffen wurden.

lich, und die Bilder alter Menschen werden gerne als soziologische Belege oder in historischen Abhandlungen verwendet oder – kommentarlos – als skurriler Reigen präsentiert.[4]

Eine historische Abfolge oder eine Tradition in der Darstellung des alten Menschen aufzuzeigen, ist jedoch nicht nur aus den oben genannten Gründen schwierig. Gewiss, Joseph, die Propheten des Alten Testaments oder die Kirchenväter wurden traditionell als alte Männer dargestellt, doch wie zu zeigen sein wird, wird das Alter selten wertfrei zum Ausdruck gebracht. Ethisch-religiöse oder auch emotionale Vorstellungen beeinflussten die Bildaussage positiv oder negativ. Um dies zu veranschaulichen, und auch weil die Thematik für die zur Verfügung stehende Zeit viel zu komplex ist, möchte ich einzelne Themenbereiche herausgreifen, die über die jeweiligen Fiktionen, die mit dem Alter verbunden werden, Wesentliches aussagen. Das vermeintlich gleiche Thema kann, allein aufgrund der unterschiedlichen Auffassung des Alters, ganz verschiedene Bedeutung erlangen. Auch fließt in die bildliche Darstellung eine ganz bestimmte Vorstellung vom Altsein mit ein, die abhängig von gesellschaftlicher und moralischer Konvention oder dem Wissensstand der Zeit ist, oder der Künstler bringt ganz persönliche Erfahrungen zum Ausdruck.[5]

Das unvermeidbare Altern oder der Wunsch nach ewiger Jugend

Niemand kann dem Alterungsprozess entkommen, doch die Sehnsucht, ihn aufzuhalten, wurde immer wieder in Mythos und Märchen geäußert. Beginnen möchte ich deshalb mit dem Gemälde *Der Jungbrunnen*[6] von **Lucas Cranach d. Ä.**, das der Künstler im hohen Alter von 74 Jahren schuf – obwohl es „ein Meisterwerk der Negation des Alterns"[7] vorstellt. Ein großes steinernes Becken liegt in der Mitte einer weitläufigen Landschaft, im Hintergrund ist die Silhouette einer Stadt zu sehen. Die linke Bildhälfte zeigt, wie zahlreiche alte Frauen an den Brunnen heran geführt werden. Je nach Wohlstand oder persönlichen Mitteln werden sie gefah-

---

[4] Martin Warnke, Die Lebensalter. Ein Bild-Essay. In: *Das Alter*. Kursbuch 151 (März 2003), S. 90-96.

[5] Vgl. die Werke von Rosalba Carriera oder Anthonis van Dyck weiter unten.

[6] Lucas Cranach d. Ä., *Der Jungbrunnen*, 1546 (122 x 186 cm), Staatliche Museen Berlin.

[7] Bernd Mahr, Die Negation des Alterns, S. 83 in: Kursbuch Heft 151 *Das Alter*. Berlin, März 2003, S. 79-89.

ren, getragen oder gar mit der Schubkarre geschoben. Nach dem vergnüglichen Bade, bei dem sich die Wandlung vollzieht, werden sie, nun wieder jung geworden, auf der rechten Seite von einem Herren begrüßt und zum Ankleiden in ein Zelt verwiesen. Neu gekleidet und geschmückt geben sie sich dann den Freuden des Lebens hin: dem guten Essen, der Musik, dem Tanz und der Liebe.

Das 1546 auf Lindenholz gemalte Bild, welches sich heute in Berlin befindet, zeigt die Problematik des Alterns und der Vergänglichkeit des Körpers, verknüpft mit der uralten Sehnsucht nach ewiger Jugend. Die Vorstellung dieses Wunderbrunnens erfreut sich in der Literatur und der bildenden Kunst seit dem Spätmittelalter großer Beliebtheit und geistert wohl noch durch die Köpfe heutiger Betrachter, denen die stetig zunehmenden Schönheitsoperationen – leider nicht so einfach und schmerzfrei – helfen sollen, ihren Traum zu erfüllen: Die Werbung ist voll von sogenannten „Jungbrunnen", die angeblich dafür sorgen, dass wir auf immer jugendlich bleiben. Laut Zeitungsnotiz haben endlich Freiburger Forscher auch das Gen für die Zellalterung entdeckt.

Lucas Cranach d. Ä. (geboren 1472 in Kronach, Oberfranken – gestorben 1553 in Weimar) wurde 1505 von Friedrich dem Weisen an den kursächsischen Hof nach Wittenberg gerufen. Er schuf viele bedeutende Porträts und hat, da er ein Freund Luthers und Anhänger der Reformation war, seine Kunst auch in deren Dienste gestellt. Doch das hier vorgestellte Alterswerk steckt voller spielerischer Fantasie und Leichtigkeit und lässt sich inhaltlich nur schwer mit den anderen Werken des Künstlers in Verbindung bringen.

Wenngleich Cranachs Darstellung einer märchenhaften Wunschvorstellung entspricht, so schließt sie auch an zeitgenössische Gebräuche an: Im Anschluss an das reinigende Bad waren Neueinkleidung, Speise, Trank und Musik im 16. Jahrhundert üblich. Die Landschaft hat der Künstler dagegen bewußt inszeniert: Auf der linken Bildhälfte herrschen Dürre und Kargheit und symbolisieren Not und Beschwernis des Alters, während blühende Bäume und Sträucher sowie saftige grüne Wiesen auf der rechten Seite die erneuerte Jugend repräsentieren.

Die Erneuerung des Leibes und Verjüngung durch die reinigende Kraft der Elemente Feuer oder Wasser wird in zahlreichen Sagen überliefert. Im Zeitalter Cranachs waren verschiedene Bearbeitungen dieses Themas bekannt, die auch in der Literatur, vornehmlich durch die Überlieferung des Hans Sachs, Verbreitung fanden. Im Laufe der Zeit jedoch bildeten sich zwei Darstellungstraditionen heraus: Ursprünglich erfahren Männer und Frauen die erneuernde Kraft des Wassers ohne Unterschied. Eine spätere, frivole Fassung schreibt dagegen die Verjüngung Frau Venus und Amor zu. Dass in Cranachs Gemälde nur Frauen in das Bad steigen, wird in den zeitgenössischen Quellen damit begründet, dass Männer ihre Jugendkraft im Umgang mit jungen Frauen wiedererlangen.

Das rund 150 Jahre später entstandene, nur 12 cm große Elfenbeinrelief von **Paul Heermann** (1673-1732 Dresden) mit der ungewöhnlichen *Allegorischen Darstellung einer alten Frau mit pissendem Amor*[8] schlägt in die gleiche Kerbe, denn es zeigt die Sehnsucht einer alten Frau nach Jugend und Liebe. Sie versucht das Feuer ihrer Leidenschaft – symbolisiert durch die glühenden Kohlen in dem Gefäß – von Amor löschen zu lassen, doch dieser bleibt gleichgültig und ist nicht bereit, ihr diesen Wunsch zu erfüllen.

Doch ab wann wurde man als alt angesehen? Darüber herrschten in der frühen Neuzeit durchaus unterschiedliche Auffassungen. Während Michelangelo sich in einem Brief mit 42 Jahren als alt bezeichnete[9], rechnete Johan van Beverwijck, eine medizinische Autorität im Holland des 17. Jh., das Alter „vom siebenmahl siebenden oder fünfzigsten jahre an."[10] Die Einteilung in 7er Gruppen findet sich bereits im Mittelalter in den Symbolkreisen von Zeit und Welt in der Zahl der Planeten oder der Gebetsstunden, den sieben Freuden und Schmerzen Mariae oder den sieben freien Künsten.

Dieser Gedankenwelt entspringt auch die allegorische Darstellung der Lebensstufen, einem insbesondere in der Renaissance beliebten Thema, das **Hans Baldung, gen. Grien** (1484/85-1545) in dem bekannten Gemälde *Die sieben Lebensalter des Weibes*[11] von 1544 sehr einfühlsam und differenziert dargestellt hat.

Ein Jahr vor seinem Tod schuf der Künstler diesen Lebensreigen, der intensives Aktstudium erkennen läßt und eine erstaunliche Unbefangenheit in der Auffassung des Nackten bezeugt – die allerdings im 19. und 20. Jahrhundert bei zunehmender Tabuisierung von Tod und Leiden für

---

[8] Elfenbein, Hochrelief, 11,9 x 8,8 cm. Kunstsammlungen Graf von Schönborn, Schloss Weißenstein, Pommersfelden.

[9] C. Gilbert, When Did a Man in the Renaissance Grow Old? In: Studies in the Renaissance 14,1967, S. 7-32, S. 10.

[10] J. van Beverwijck, *Schatz der Gesundheit,* Amsterdam 1671, S. 233.

[11] Hans Baldung, gen. Grien, *Die sieben Lebensalter des Weibes,* Öl / Holz, 97 x 74 cm, Museum der bildenden Künste, Leipzig. Vgl. Gert von der Osten, *Hans Baldung Grien. Gemälde und Dokumente.* Berlin 1983, S. 247-251.

herbe Kritik sorgte: als „ziemlich häßlich", als „quälend und peinlich" wurde die Darstellung der älteren Lebensalter bezeichnet und deshalb sogar Baldung abgeschrieben. Positive Stimmen sprachen von der „Unerbittlichkeit der Lebensbahn". Wenig Beachtung findet dabei, dass Baldung das allmähliche Reifen und Welken des Menschen nicht nur in der Folge der Körper, sondern fast mehr noch im Mienenspiel, in Gesten und Haltung der einzelnen Gestalten mit großer Einprägsamkeit ausgedrückt hat.

Die Tradition der Lebensalter-Darstellung lässt sich, häufig auf drei Altersstufen reduziert, bis ins vergangene Jahrhundert nachweisen. Sie findet sich, sehr stilisiert und dadurch weniger drastisch, auch bei **Gustav Klimt** (1862-1918 Wien), dessen 1908 entstandenes Gemälde *Die drei Lebensalter der Frau*[12] die drei Figuren nicht als Reigen zeigt, sondern eng aneinander gerückt und gestaffelt, fast mit einander verschmolzen, und sie damit als die drei Lebensphasen eines Menschen kennzeichnet.

Alter und biblische Tradition

Wenden wir uns nun den Gestalten der Bibel zu. Gerade hier finden sich zahlreiche Charaktere, deren Alter für den Sinngehalt der Geschichte von Bedeutung ist. Jeder kennt Darstellungen von Joseph, Maria und dem Jesuskind. Die *Geburt Jesu,* die *Anbetung der Könige* oder die *Ruhe auf der Flucht* gehören zu den häufig gemalten biblischen Szenen.
Nach dem Kindheitsevangelium des Thomas (2. Jh.) war Joseph früher mit Salome verheiratet gewesen; er gilt deshalb bei der angeblich durch einen Hohenpriester vorgenommenen Verlobung als alter Mann. Nach dem Matthäus-Evangelium wollte Joseph Maria heimlich verlassen, als er von der Schwangerschaft erfuhr, doch ein Engel kam und beruhigte ihn, dass das Kind vom Heiligen Geist stamme und Maria noch Jungfrau sei.
Auch **Giorgione**s *Heilige Familie (Benson Madonna)*[13] zeigt Joseph als bärtigen Greis. Doch anders als sonst vielfach üblich, rückt Giorgione (um 1478 Castelfranco – 1510 Venedig) Joseph nicht von Maria und

---

[12] Gustav Klimt, *Die drei Lebensalter der Frau,* Öl / Lwd., 180 x 180 cm, Galleria Nazionale d'Arte Moderna, Rom.
[13] Giorgione, *Heilige Familie (Benson Madonna),* Öl / 37,2 x 45,6 cm, National Gallery of Art, Washington.

dem Kind fort. Bei ihm sind die drei Figuren auf einander bezogen und bilden eine Einheit, denn Joseph hat seine Linke zart auf das Ärmchen Jesu gelegt und betrachtet das Kind. So verbreitet sich eine Stimmung von besonderer Harmonie und Ruhe auf diesem Andachtsbild. Wenn Joseph aufgrund der apokryphen Überlieferung in der bildenden Kunst traditionell alt und mit weißgrauem Bart dargestellt wird, soll dadurch seine Bereitschaft unterstrichen werden, Verantwortung für Maria und das Kind zu übernehmen. Gleichzeitig lässt ihn dies als leiblichen Vater unwahrscheinlich werden; ein Aspekt, der wesentlich dazu beitrug, die jungfräuliche Geburt glaubhaft zu machen.

Eine Geschichte aus dem alten Testament, in deren Darstellung Alter und sexuelles Begehren eine große Rolle spielen und die häufig – besonders im Barock – dargestellt wurde, handelt von *Susanna und den beiden Alten*. Zwei alte Richter in Babylon lauern der wegen ihrer Schönheit weithin gerühmten Susanna beim Bade in ihrem Garten auf und fordern von ihr, ihnen gefügig zu sein. Ansonsten würden sie ihrem Mann hinterbringen, dass sie sie mit einem Geliebten ertappt hätten. Susanna ruft Hilfe herbei, die Sache kommt vor Gericht. Da die beiden Greise einen Meineid leisten, wird Susanna zum Tode verurteilt. Jedoch auf göttliche Eingebung hin lässt Daniel den Prozess noch einmal aufrollen und die Männer einzeln verhören. Dabei verwickeln sich die beiden Alten in Widersprüche, ihr Lügen wird offenbar und sie werden verurteilt.

In **Artemisia Gentileschis** (1593-1652 Neapel) Darstellung *Susanna und die Alten*[14] von 1610, die sich in Pommersfelden befindet, wirken die beiden Alten gar nicht so alt, sondern noch ausgesprochen lebendig und kraftvoll – sehr potent – bei dem Versuch, Susanna ihren Willen aufzuzwingen. Aus ikonografischer Sicht ist bemerkenswert, das Susanna hier nicht, wie oftmals üblich (z.B. bei Tintoretto oder Albrecht Altdorfer), in die Betrachtung ihrer eigenen Schönheit versunken dargestellt wird – die auf diese Weise auch dem Betrachter zuteil wird, während er gleichzeitig bereits die Unholde in ihrem Versteck sieht. Susanna wird auch nicht von den beiden körperlich angegriffen oder sucht sich hilflos aus deren Umarmung zu entwinden (wie später bei Rubens und van Dyck). Artemisia Gentileschi hat die drei Figuren nahe an den Bildrand gerückt und direkt auf den Betrachter gerichtet, ihn also ebenfalls einbezogen, doch ihr Augenmerk ist ganz auf das Ungeheuerliche der Situation gerichtet. Während die Haltung der Männer ihre Entschlossenheit verrät, scheint Su-

---

[14] Artemisia Gentileschi, *Susanna und die Alten*, Öl / Lwd., 170 x 119 cm, Kunstsammlungen Graf von Schönborn, Schloss Weißenstein, Pommersfelden.

sanna, die die Männer nicht sieht, sondern nur hört und deren Gesicht ganz Ekel und Abwehr ausdrückt, die gefährliche Situation noch gar nicht ganz erfasst zu haben. Das liegt zweifellos auch daran, dass es sich bei den beiden Männern um Älteste und Richter handelt, die normalerweise aufgrund ihres Alters und Standes für ein tugendhaftes Leben stehen und Ehrfurcht und Respekt hervorriefen. Dass gerade sie das ihnen entgegen gebrachte Vertrauen enttäuschen werden, wiegt umso schlimmer. Die Künstlerin hat damit die ethisch-moralischen Aspekte des Themas wieder in den Vordergrund gerückt, während seit der Renaissance das Interesse zumeist auf den malerischen Möglichkeiten lag, das Inkarnat – gerade im Kontrast zwischen junger und alter Haut – sowie Bewegung oder Landschaft wiederzugeben.

Cimon und Pero

Ein weiteres Thema, bei dem die Darstellung des Alters durchaus ambivalent ist, ist die Geschichte von Cimon und Pero. Die Erzählung, die uns von dem römischen Schriftsteller Valerius Maximus (1. Jh. n. Chr.) überliefert wird, berichtet, dass der alte Philosoph Cimon für seine ketzerischen Reden zum Hungertod verurteilt worden war. Seine Tochter Pero aber, gerade Mutter geworden, ernährte ihn heimlich an ihrer Brust. Als die Richter davon erfuhren, waren sie so gerührt ob ihrer mütterlichen Fürsorge, dass sie Cimon begnadigten. Als ein Symbol christlicher Nächstenliebe und Barmherzigkeit fand dieses Thema, auch als *Caritas Romana* bezeichnet, seit dem 15. Jahrhundert Eingang in die Kunst und erfreute sich insbesondere im 17. und 18. Jahrhundert großer Beliebtheit, wo man es als Ausdruck moralischer Stärke und selbstloser Liebe pries.

Das Gemälde von *Cimon und Pero*[15] des Niederländers **Abraham Bloemaert** (1564 Dordrecht – 1651 Utrecht) fällt nicht nur wegen seiner Größe, sondern auch wegen seines Inhalts auf. Cimon und Pero füllen fast den gesamten Bildraum aus. Das strahlende Licht, das auf die beiden Personen fällt, unterstreicht die enge, liebevolle Beziehung der beiden und rückt das Unwirtliche des Ortes in den Hintergrund. Es bricht sich in dem üppigen Gewand der Pero und lässt das gemusterte Tuch des Cimon aufleuchten, das dem Anschein nach noch nicht lange mit dem Gefängnisboden konfrontiert wurde. Während Cimons rechter Arm

---

[15] Abraham Bloemaert, *Cimon und Pero,* um 1610, Öl / Lwd., 210 x 158 cm, Kunsthalle zu Kiel.

wohl angekettet ist, liegt seine Linke nicht nur fordernd auf dem Oberschenkel Peros, sondern befindet sich zugleich im Zentrum des Bildes. Doch am auffälligsten ist sicherlich der Körper Cimons. Die Muskeln von glatter Haut umspannt, scheint er eher in der Blüte seiner Jahre als kurz vor dem Hungertod zu stehen. Durch das vergitterte Fenster im Hintergrund wird die Szene von einem Aufseher beobachtet.
Zwanzig Jahre danach nahm sich der flämische Maler **Peter Paul Rubens** (1577 Siegen – 1640 Antwerpen) des Themas an.[16] Wenngleich sein Gemälde in Bildaufbau und Farbigkeit durchaus Ähnlichkeiten aufweist und hier sogar zwei Aufseher das Geschehen beobachten, sind der Ausdruck und die Körpersprache der Figuren gänzlich anders. Cimons Hände sind hinter den Rücken gebunden, sein Körper weist deutliche Spuren des Alters und der Entkräftigung auf und dankbar trinkt er die Milch aus der Brust, die Pero ihm reicht. Ihr Blick schweift jedoch in die Ferne, ob aus Angst vor Entdeckung oder aus Sorge um das eigene Kind, sei dahin gestellt.
Wiederum gut 140 Jahre später malt der Franzose **Jean-Baptiste Greuze** (1725 Tournus – 1805 Paris) seine Version des Themas.[17] Greuze war mit dem französischen Schriftsteller Denis Diderot befreundet, der seine Gemälde sehr schätzte und über den Maler urteilte: „Aus der Wahl seiner Sujets erkennt man seine Sensibilität und seine Sittenstrenge." Greuzes Bilder entsprachen dem Zeitgeschmack und sollen das Publikum zu Tränen gerührt haben – dennoch wirken sie auf viele Betrachter, damals wie heute, unerträglich kitschig und absichtsvoll, unabhängig von ihren unbestreitbaren, großen malerischen Qualitäten.
Greuze hat bereits die Perspektive bei *Cimon und Pero* anders gewählt. Dank der auf Untersicht angelegten Komposition schaut der Betrachter zu Cimon und Pero hinauf – die Ergriffenheit, die den Betrachter beim Anblick dieser barmherzigen Tat ereilen soll, vorweg nehmend. Cimon ist hier wirklich der schwache Greis der römischen Erzählung. Der ausgezehrte Körper, die erschlaffte Muskulatur und die spannungslose Körperhaltung sprechen eine deutliche Sprache. Dieser Cimon nutzt nicht die Gunst der Stunde um endlich an Nahrung zu kommen, sondern beklagt mit erhobenen Armen sein Schicksal – Anketten erschien bei diesem Abbild der Schwäche dem Maler wohl nicht mehr erforderlich. Auch

[16] Peter Paul Rubens, *Cimon und Pero,* um 1625, Öl / Lwd., 155 x 186 cm, Rijksmuseum, Amsterdam.
[17] Jean-Baptiste Greuze, *Cimon und Pero,* um 1767, Öl / Lwd., ca. 63 x 79 cm, Getty Museum, Los Angeles.

Peros Motivation, ihm die Brust zu reichen, scheint trotz der ähnlichen Körperhaltung in diesem Gemälde eine andere zu sein. Sie liegt nicht in der inneren Anteilnahme, sondern eher in der Einsicht der Notwendigkeit und der Erfordernis zu handeln. Hatte Pero in der Darstellung des Rubens den Vater noch liebevoll in den Arm genommen, so ist hier die innere wie die körperliche Distanz zwischen den beiden Personen trotz ihrer räumlichen Nähe überraschend groß und wird noch durch die gegenläufige Blickrichtung unterstrichen. Letztlich beherrschen das von Moral bestimmte Pathos und die theatralischen Gesten die Darstellung.

Vielleicht überrascht es, dass hier nun gleich drei Versionen dieses Themas vorgestellt wurden. Doch belegen diese so unterschiedlichen Gemälde eindrücklich, wie komplex die Bedeutungsebenen und wie vielschichtig die Aspekte sein können, die der Künstler bei seiner Interpretation im Blick hat. Denn die ausgewählten Bilder sind beredte Zeugen grundverschiedener Bildauffassungen und zeigen, wie das Alter – unabhängig von der zugrunde liegenden Quelle – in künstlerischer Intention, um Anteilnahme zu wecken oder aber um dem decorum genüge zu tun, eingesetzt wurde. Nicht allein der dargestellte Sachverhalt ist entscheidend, sondern seine Interpretation in Verbindung mit der Absicht des Künstlers. Daraus erklärt sich zugleich die Schwierigkeit, das Alter in der bildenden Kunst eigens zu thematisieren.

Bibel II - Der Segen Jakobs

Von **Rembrandt** (1606 Leiden – 1669 Amsterdam) hat man vermutlich bereits Gemälde gesehen. Die lange Reihe seiner Selbstbildnisse gehört zu den ergreifendsten Zeugnissen des Älterwerdens und der damit einher gehenden körperlichen und seelischen Veränderungen. Ich möchte hier allerdings ein Werk anderen Themas vorstellen, das der Maler im Alter von fünfzig Jahren geschaffen hat: *Der Segen Jakobs*[18], entstanden 1656. Dargestellt ist die in Genesis 48 beschriebene Szene, in der Joseph seine Söhne Manasse und Ephraim zu seinem Vater Jakob brachte, als dieser auf dem Sterbebett lag. Anstatt den dunkelhaarigen Manasse mit der rechten Hand zu segnen, kreuzt Jakob die Arme, um den blonden Ephraim mit der rechten Hand zu segnen, dem Vorrecht des Erstgeborenen. Joseph will den Vater korrigieren, aber der Vater weigert sich mit den Worten: „Ich weiß wohl, mein Sohn, ich weiß wohl. Dieser

---

[18] Rembrandt, *Der Segen Jakobs,*1656, Öl / Lwd., 177,5 x 210,5 cm, Gemäldegalerie Alte Meister in Schloss Wilhelmshöhe, Kassel.

soll auch ein Volk werden und wird groß sein, aber sein jüngerer Bruder wird größer als er werden." Rembrandt hat die Kinder jedoch so angeordnet, dass Jakob seine Arme gar nicht kreuzen muss. So krank und gebrechlich Jakob auch ist, er wird von seinem eigenen Sohn unterschätzt, wenn dieser behutsam den Arm zu Manasse führen möchte – in dem Glauben, Jakob hätte die beiden Söhne nicht richtig erkannt. Wieviel mehr muss es Joseph treffen, dass Jakob nicht nur in vollem Bewußtsein handelt, sondern auch noch diese Vorhersage trifft. Rembrandt zeigt die eindringliche Darstellung eines Menschen, der an seinem Lebensende angekommen ist und dessen körperliche Kräfte versagen, der jedoch in diesem Moment des Abschiednehmens von großer Hellsichtigkeit und Entschiedenheit ist. Darüber hinaus ist es die Darstellung eines Missverständnisses zwischen jungem und altem Menschen, deren Beziehung trotz der liebevollen Hinwendung des Sohnes zum Vater Konflikt beladen ist. Während Manasse fragend aufblickt, glaubt sein Vater noch an eine Verwechslung, die leicht zu beheben sei. Hier nun kommt Asnath, der rechts im Bild dargestellten Frau des Jakob – nach anderer Forschungsmeinung handelt es sich um die Frau des Joseph, auf jeden Fall wird ihre Anwesenheit in der Bibel nicht erwähnt – besondere Bedeutung zu. Ist sie doch diejenige, die die Tragik des Geschehens erkennt und ahnt, was dies für die Zukunft zur Folge haben wird.

Die greisen Figuren der Bibel, allen voran die Patriarchen und Propheten des Alten Testaments sowie die Kirchenväter entsprachen in ihrem Charakter ganz der Vorstellungs- und Bildwelt von Renaissance und Barock und wurden entsprechend häufig dargestellt, wie die zahlreichen Studien der sogenannten Charakterköpfe – stark idealisierte Bildnisse, die zumeist Entschlusskraft, Glaubensstärke und Erfahrung ausstrahlen – dokumentieren.

Diese Darstellungstradition hat sich bis in die Moderne erhalten, wie ich kurz an zwei weiteren Beispielen aus der Kunsthalle zu Kiel zeigen möchte. Anlass für die Beschäftigung mit religiösen Themen war für **Christian Rohlfs** (1849 Niendorf – 1938 Hagen) der Ausbruch des Ersten Weltkriegs. Doch *Der Prophet*[19] von 1917 bittet vergeblich um Frieden. Das Unruhige, das Visionäre dieser Gestalt drückt sich in der Malweise und den aus dem Dunkel aufleuchtenden reinen Farben aus. Sein Alter bedeutet auch Wissen und Erfahrung, doch seine Rufe verhallen ungehört.

---

[19] Christian Rohlfs, *Der Prophet*, 1917, Öl / Lwd. 100,5 x 61 cm, Kunsthalle zu Kiel.

Von **Emil Nolde** (1867 Nolde – 1956 Seebüll) sind an die 150 Gemälde, Radierungen und Holzschnitte mit religiösen Motiven erhalten. Das Gemälde *Die Zinsmünze*[20] von 1915 bezieht sich auf ein Gleichnis aus der Bibel (Markus 12, 13-17 / Matthäus 22, 15-22 / Lukas 20, 20-26): Da die Bewohner der römischen Provinz Judäa unter hohen steuerlichen Abgaben leiden, erkundigen sich die Pharisäer bei Christus, ob man dem Kaiser Steuern zahlen sollte. Daraufhin lässt Jesus sich eine Münze mit dem Bild des Kaisers geben und spricht: „So gebt dem Kaiser, was des Kaisers ist und Gott, was Gottes ist." Wenn auch die Tradition der biblischen „Alten" weitergeführt wird, handelt es sich hier nicht um positiv besetzte Gestalten. Die Verschlagenheit, die den Pharisäern nachgesagt wird, findet eine Umsetzung in der Malerei. Im Gegensatz zu Christus weisen die Pharisäer ungeschlachte Proportionen auf und ihre Gesichter sind von greller Farbigkeit. Anders als bei Rohlfs, spielt ihr Alter für den Bildinhalt keine Rolle, sondern dient lediglich der Wiedererkennung. Doch ist die Wiedergabe alter Menschen im Expressionismus überhaupt selten.

Das Bildnis

Breiten Raum nimmt in unserem Zusammenhang das Porträt ein. Bereits unter den frühesten Bildnissen lassen sich eindrückliche Darstellungen vom Alter finden, und es ist bemerkenswert, dass gerade die Wiedergabe des alten Menschen am Beginn der neuen Bildgattung zu Meisterwerken geführt hat. – Damit ist jedoch weniger das naturalistische Abbild, als vielmehr die Möglichkeit gemeint, auch den Charakter eines Menschen oder seine Lebensgeschichte zum Ausdruck zu bringen, und für viele Maler bildeten ein faltiges Gesicht oder ein greiser Körper einfach eine besondere malerische Herausforderung. Allerdings mussten oftmals die Wünsche des Auftraggebers berücksichtigt werden, da ihm ja das Werk gefallen sollte. Neben dem Bedürfnis der Repräsentation, der Dokumentation von Wohlstand und Erfolg ist auch die Frage des decorums, des Schicklichen, bei der Wahl der Darstellungsweise nicht zu unterschätzen.

Zu den frühesten Porträtleistungen der deutschen Malerei, die erst in der 2. Hälfte des 15. Jahrhunderts die vergängliche Gestalt des Individuums zum selbständigen Bildinhalt erhob, gehört das *Bildnis des Domherrn*

[20] Emil Nolde, *Die Zinsmünze* von 1915, Öl / Lwd., 117 x 87 cm, Kunsthalle zu Kiel.

Georg Graf von Löwenstein[21], das **Hans Pleydenwurff** (wohl 1420 Bamberg – 1472 Nürnberg) um 1456 von dem greisen Bamberger Domherrn schuf. Der religiösen Sphäre noch nicht ganz entrückt, bildete es zusammen mit einer Darstellung des von Wunden gezeichneten Christus ein Diptychon, in das auch die genaue Kenntnis niederländischer Malerei mit einfloss, in der das Porträt schon einige Jahrzehnte heimisch war.[22] Das Bildnis seiner 63jährigen, ausgemergelten Mutter[23] gehört sicherlich zu den berühmtesten Bildern **Albrecht Dürers** (1471 Nürnberg – 1528 ebd.). Hier möchte ich das Porträt seines alten Meisters *Michael Wolgemut*[24] von 1516 vorstellen. Das Gemälde entstand dreißig Jahre nachdem Dürer im Alter von 15 Jahren eine dreijährige Lehrzeit bei dem Nürnberger Maler begonnen hatte. Sein Lehrer war zu diesem Zeitpunkt 82 Jahre alt.

Michael Wolgemut (1434-1519) besaß eine der größten Werkstätten der damaligen Zeit in Deutschland, 1473 hatte er sie von seinem Lehrmeister Hans Pleydenwurff übernommen. Heute ist sein Name insbesondere über die Schedelsche Weltchronik bekannt, die mit 1809 Holzschnitten illustriert ist, deren Entwürfe aus seiner Werkstatt stammen.

Michael Wolgemut ist so gemalt, wie Dürer ihn wohl immer in der Werkstatt gesehen hat, ein dunkelgraues, fast schwarzes Tuch zum Schutz der Haare gegen Farbspritzer fest um die Stirn geschlungen. Da das Porträt schonungslos alle Zeichen des Alters und der faltigen Haut wiedergibt, wirkt der ungetrübte, scharf zupackende Blick des Malers umso stärker. Dürer behielt dieses Porträt zeitlebens in seinem Besitz und fügte 1519 eine Notiz vom Tod des Malers hinzu.

Ging es Dürer und Pleydenwurff um die Wiedergabe eines individuellen Menschen am Ende eines langen Lebens – Erinnerung und Rechenschaftsbericht gleichermaßen –, so steht bei dem *Bildnis eines alten*

---

[21] Hans Pleydenwurff, *Bildnis des Domherrn Georg Graf von Löwenstein,* um 1456, Öl / Holz, 34 x 25 cm, Germanisches Nationalmuseum, Nürnberg.

[22] Peter Strieder, Bildnis des Domherrn Georg Graf von Löwenstein. In: *Germanisches Nationalmuseum Nürnberg. Führer durch die Sammlungen.* München 1977, S. 124.

[23] Albrecht Dürer, *Die Mutter Dürers*, 1514, 42,1 x 30,3 cm, Kohle / Papier, Kupferstichkabinett, Berlin.

[24] Albrecht Dürer, *Michael Wolgemut*, 1516, Öl / Tempera / Holz, 29 x 27 cm, Germanisches Nationalmuseum, Nürnberg.

Mannes und seines Enkels[25] des Florentiner Malers **Domenico Ghirlandaio** (1449 – 1494) die Menschlichkeit im Vordergrund. Seinem fortgeschrittenen Lebensalter entsprechend, spiegeln die Gesichtszüge des Mannes Müdigkeit und die Last der Jahre wider. Im Hintergrund ist vor dem Felsen eine Kapelle zu sehen, die wohl auf sein nahendes Lebensende verweist. Wenn auch nicht bekannt ist, um wen es sich bei dem Dargestellten handelt, so wirkt sein durch Warze und Wucherungen entstelltes Gesicht ausgesprochen realistisch und lebensnah. Die innige Beziehung zwischen dem Kind und diesem alten Mann, der soviel Sanftmut, Liebe und Güte ausstrahlt, lässt seine Hässlichkeit schnell vergessen. Dass Großvater und Enkel ganz auf einander bezogen sind und fast den ganzen Bildraum ausfüllen, erhöht den persönlichen Charakter des Bildes und wird durch die Wahl des Bildausschnitts noch gesteigert.

Ghirlandaio hat nur wenige eigenhändige Werke auf dem Gebiet der selbständigen Porträtmalerei geschaffen, und dieses Bildnis berührt durch die ungewöhnliche seelische Intensität. Der bildnishaften Wiedergabe zweier Personen mit derart verschiedenen Lebensaltern begegnet man in der florentinischen Kunst bis zu diesem Zeitpunkt nicht und sie bleibt auch später ungewöhnlich.[26]

Über den Venezianer **Giorgione** (um 1477 in Castelfranco / Veneto – 1510 Venedig) gibt es kaum Informationen, doch die wenigen gesicherten Werke waren von größtem Einfluss auf die venezianische Malerei. Über ihn schreibt Vasari in seinen Viten: „Er... genoß ohne Unterlaß die Freuden der Liebe und spielte gern und sehr gut die Laute; ja, zu seiner Zeit musizierte und sang er so göttlich, dass er deshalb oft von den edlen Herren zu Musik und gemeinsamer Unterhaltung herangezogen wurde."

Gerade er schuf mit der Darstellung einer mittellosen alten Frau in zeitgenössischer Tracht eines der frühsten und eindringlichsten Bildnisse der italienischen Malerei des Quatrocento. Wenngleich diese Darstellung überraschend realistisch wirkt und eine derart drastische Wiedergabe von Alter und Armut in der italienischen Malerei der Renaissance sonst

---

[25] Domenico Ghirlandaio, *Bildnis eines alten Mannes und seines Enkels,* um 1490. Tempera auf Holz, 62 x 46 cm, Louvre, Paris.

[26] Ronald G. Kecks, Domenico Ghirlandaio und die Malerei der Florentiner Renaissance. In: Max Seidel (Hrsg.), *Italienische Forschungen des Kunsthistorischen Institutes in Florenz,* Vierte Folge, Bd. II, München / Berlin 2000, S. 349.

nicht zu finden ist, so ist *La Vecchia*[27] auch eine allegorische Darstellung der Zeit, wie der Zettel, den sie in der Hand hält, besagt.

Die Macht des Künstlers

Drei Jahre lang bemühte sich der Papst Paul III (1468-1549), den berühmten venezianischen Maler **Titian** (1477 Pieve di Cadore – 1576 Venedig) nach Rom zu holen, bis dieser endlich 1545 mit großem Gefolge von Venedig über Pesaro und Urbino nach Rom reiste, dort wie ein Fürst empfangen wurde und im Vatikan Wohnung nahm. Während dieser Zeit entstand das große, allerdings unvollendete Gemälde *Papst Paul III und seine Nepoten Alessandro und Ottavio Farnese.*[28] Wenn auch die Darstellung hauptsächlich auf Verherrlichung des ruhmreichen Geschlechts der Farnese zielt, so verrät sie zugleich viel über die Beziehungen untereinander: Während der Kardinal Alessandro Farnese distanzierte Zurückhaltung zur Schau stellt, erweist sich Herzog Ottavio Farnese von intriganter Zweideutigkeit. Zwischen ihnen sitzt in sich zusammengesunken der greise Papst, dessen unerschöpflicher Machthunger ihn hellwach bleiben lässt.

Nur ein so hoch angesehener Künstler wie Titian konnte es sich erlauben, in einem repräsentativen Bildnis wie diesem so deutlich charakterliche Schwächen zu offenbaren. Vielleicht konnte sich der Künstler, der selbst fast siebzig Jahre zählte, auch erst im Alter diese Freiheit nehmen.

Am 12. Juli 1624 erhält der seit 3 Monaten in Palermo weilende, flämische Maler **Anthonis van Dyck** (1599 Antwerpen – 1641 London) endlich die lang ersehnte Gelegenheit, die hochbetagte Malerin Sofonisba Anguissola zu besuchen. Die große Künstlerin befand sich mit 92 Jahren in einem Alter, das auch heute noch selten ist – und um wie viel mehr war es dies in einer Zeit der Pestepidemien, die auch Palermo in jenem Sommer mehrfach heimsuchten. Bei diesem Besuch fertigte Van Dyck ein Bildnis der Malerin an. Die Zeichnung *Sofonisba Anguissola, Zeichnung aus dem Italienischen Skizzenbuch*[29], die ein Jahr vor ihrem Tod

---

[27] Giorgione, *La Vecchia*,. 68 x 59 cm, Gallerie dell' Accademia, Venedig.

[28] Titian, *Papst Paul III und seine Nepoten Kardinal Alessandro Farnese und Herzog Ottavio Farnese,* (Unvollendet), 1545, Öl / Lwd., 201 x 174 cm, Galleria Nazionale, Neapel.

[29] *Bildnis der Sofonisba Anguissola, Zeichnung aus dem Italienischen Skizzenbuch,* 1624, British Museum, London.

entstand, weist neben der mit flüchtigem Strich festgehaltenen Darstellung der Greisin, die vorgebeugt im Lehnstuhl sitzt, folgende Beschreibung (in Übersetzung) auf:

„...noch guten Gedächtnisses, frischen Geistes und zuvorkommend; und obgleich durch das Alter ihr Augenlicht schwach geworden war, machte es ihr großes Vergnügen, Bilder vor sich hinstellen zu lassen und, indem sie dann ihre Nase mit vieler Mühe bis dicht an das Bild heranbrachte, erreichte sie es wirklich, etwas davon zu erkennen, worüber sie sodann große Freude zeigte. Als ich ihr Bildnis machte, gab sie mir manchen Hinweis dafür, so den, das Licht nicht von zu hoch aus einfallen zu lassen, damit nicht die Schatten in den Altersrunzeln zu stark würden, und manch andere gute Reden, wie sie mir auch einen Teil aus ihrem Leben erzählte, woraus zu erkennen war, dass sie eine wunderbare Malerin von Natur war, und der größte Schmerz, den sie hatte, war, durch das Abnehmen des Augenlichts jetzt nicht mehr malen zu können: ihre Hand war noch fest, ohne das geringste Zittern."[30]

Das nach dieser Zeichnung entstandene Gemälde mit dem *Bildnis der Sofonisba Anguissola,* 1624, Knole House, Kent[31] zeigt, dass sich der junge van Dyck bezüglich der Lichtführung an den Rat der erfahrenen Malerin gehalten hat: Er zeigt ein markantes, würdevolles Gesicht, das umrahmt wird von einem zartfarbenen, violetten Schleier. Es ist das Gesicht einer Greisin, doch ihre Haut wirkt glatt, die annähernde Blindheit ist lediglich zu erahnen.[32]

Der Werdegang dieser Künstlerin war für die damalige Zeit ungewöhnlich: Als älteste unter acht Geschwistern, erhielt Sofonisba Anguissola schon mit 14 Jahren Malunterricht[33] und fand große Unterstützung und

---

[30] Zitiert nach G. Adriani, *Anton Van Dyck. Italienisches Skizzenbuch.* Wien 1940, S. 29 f.

[31] Antonis van Dyck, *Bildnis der Sofonisba Anguissola,* 1624, The National Trust, Collection of Lord Sackville, Knole House, Kent.

[32] Thomas Döring, Bilder vom alten Menschen – Anmerkungen zu Themen, Funktionen, Ästhetik. In: *Bilder vom alten Menschen...,* S. 17-36. Interessant ist auch der Vergleich mit einem Selbstbildnis, das sie im Alter von 27 Jahren malte: Sofonisba Anguissola, *Selbstbildnis,* um 1559, Öl / Nußholz, Ø 10 cm, Florenz, Uffizien.

[33] Sie erhielt von 1546-1549 zusammen mit ihrer Schwester Elena Malunterricht bei Bernadino Campi, anschließend bei Bernadino Gatti. 1559-1573 lebte sie am Hofe der spanischen Königin Isabella; aus dieser Zeit sind zahlreiche Bilder erhalten. Sie war zweimal verheiratet, gab die Malerei jedoch nicht auf.

53

Förderung in der Familie: Der Vater, ein Edelmann aus Cremona, bemühte sich um Auftraggeber für seine Tochter, und in einem Briefwechsel mit dem gefeierten Michelangelo bittet er diesen, seine Tochter anzuleiten.

In dem um 1558 entstandenen Familienbildnis *Der Vater der Künstlerin, Amilcare Anguissola, mit seinem Sohn Asdrubale und seiner Tochter Minerva*[34] bringt die Malerin die familiäre Verbundenheit eindrucksvoll zur Darstellung. Der Vater, Erfolg und Macht ausstrahlend, verkörpert die Erfahrung des reifen Alters, der sich auch die beiden Kinder vertrauensvoll zuwenden. Entsprechend ist das Alter „schön" dargestellt, kraftvoll und die Falten geglättet.

Das inszenierte Künstlerbildnis, das zugleich psychologische Studie ist, findet sich auch in der Moderne. Der Fotograf **Cecil Beaton** (1904 London – 1980 bei Salisbury), nach eigener Aussage ein „fanatischer Ästhet" porträtierte fast nur Angehörige des Adels und der Gesellschaft, der er selbst angehörte. „Seine Bilder sind Huldigungen an den Luxus und eine feudale – englische – Genußkultur, die das viktorianische Zeitalter nahtlos in die Postmoderne übergehen ließ."[35] Neben der „kulinarischen Unwirklichkeit"[36] seiner Porträts, deren Höhepunkt die Bildnisse der englischen Königsfamilie darstellen, kennzeichnet kühle Sachlichkeit seine Aufnahmen. Diese Elemente finden sich auch in dem 1962 entstandenen Porträt der adeligen Schriftstellerin *Edith Sitwell*[37], das die Dichterin in ihrem 75. Lebensjahr wiedergibt. Zwei Jahre vor ihrem Tod entstanden, bezeugt das Abbild Gebrechlichkeit und menschliche Würde. Beaton war mit Sitwell befreundet gewesen und hatte sie seit den 1920er Jahren wiederholt fotografiert.

Beaton hat sich ganz auf den Kopf und die Hände der Künstlerin konzentriert. Ihr weißes Gewand – eher Draperie als Kleid oder Mantel – vor hellem Hintergrund bezeugt kunstvolle Inszenierung und lässt zugleich an das klinische Weiß eines Krankenhauses denken. Die Aufnahme wirkt dadurch ort- und zeitlos. Während Edith Sitwell das Gesicht vom

---

[34] *Der Vater der Künstlerin, Amilcare Anguissola, mit seinem Sohn Asdrubale und seiner Tochter Minerva*, 1588. Öl / Lwd., 157 x 122 cm groß, Nivaagards Malerisamling, Nivaa.

[35] Peter Stepan, Cecil Beaton. In: *Fotografie! Das 20. Jahrhundert*. Hrsg. Peter Stepan. München / London / New York 1999, S. 146.

[36] Stepan, s.o.

[37] *Edith Sitwell*, 1962, Gelatinesilber, 24 x 19,2 cm, Cecil Beaton Archiv, Sotheby's London.

Betrachter abwendet, innere Zurückgezogenheit, Alter und Abschied offenbart, sprechen die gepflegten Hände mit den überdimensionierten Ringen von Willenskraft, Exaltation und Selbstdisziplin.

Edith Sitwell gab auch im hohen Alter noch regelmäßig öffentliche Lesungen, die häufig von jungen Leuten besucht wurden. Dieses Porträt ist zweifellos als Hommage gedacht, vielleicht auch als Versuch, die Schriftstellerin noch zu Lebzeiten zu einer Legende zu stilisieren.

Das Alter in Gestalt des Winters

Das Ende des 17. oder Anfang des 18. Jahrhunderts in Deutschland entstandene Wachsrelief stellt die Personifikation des *Winters*[38] dar. Während die Analogie von Alter und Winter weithin verbreitet war, so bildet diese kleine Figur durch die geradezu hyperrealistische Gestaltung eine Ausnahme. Als nahezu vollplastische Ganzfigur beugt sich der Winter über einen kleinen Heizkessel, den er auf seine Knie gestellt hat und versucht, sich ein wenig die klammen Finger zu wärmen. Ein gelblicher Tropfen hängt unter seiner Nase.

Der Realismus der Figur wird durch die Verwendung von gefärbtem und bemaltem Wachs sowie authentischen Materialien noch gesteigert: Sein Mantel ist mit Streifen aus Katzenfell gesäumt und seine ergrauten Bart- und Haupthaare sind aus Schafwolle. Das Hemd ist aus wirklichem Musselin und die Zipfelmütze mit rotem Seidenstoff überzogen. Im Kessel liegen echte Kohlen mit eingestreuten Kupferspänen, die die Glut imitieren sollen. So wurde durch die Einbeziehung von Realien die höchste Stufe der mimetischen Abbildung erreicht.[39]

Dem *frierenden Alten*, der sich wärmt, begegnet man schon seit dem neunten Jahrhundert in den traditionellen Monatsarbeiten, wo er meist den Monat Februar repräsentiert. Hier nun steht der schlotternde Greis für den ganzen Winter, wobei der von Cesare Ripa kanonisierten Gleichsetzung der Jahreszeiten mit den Lebensaltern des Menschen gefolgt wurde. Ripa zitiert nicht nur die Originalverse des Ovid, sondern lässt eine paraphrasierende Nachdichtung seines Landsmannes Andrea dell'Anguillara folgen, in der ausgesprochen genremäßig die Rede ist vom schaudernden Väterchen Frost, das steifgliedrig mit seinen Zähnen klappert und sich unter seiner pelzigen Mütze verkrochen hat, das die

---

[38] *Der Winter* Stoff und Pelz auf Holz im Kastenrahmen, Ende 17. Oder Anfang 18. Jahrhundert, deutsch 32 x 24,6 cm, Herzog Anton Ulrich-Museum, Braunschweig.
[39] Vgl. Karen Meetz in *Bilder vom alten Menschen...*, S. 126.

Kohlen beständig schürt und dennoch so von der eisigen Kälte bedrängt wird, dass es mit den Füßen stampft und bebt, während seine Nase tropft.

Die landläufige Vorstellung des Winters als „frierendem Greis" stammt aus der antiken Säftelehre, die bis ins 19. Jahrhundert hinein Gültigkeit besaß und der zufolge das Frieren – aufgrund der fortwährenden Veränderungen der Körpersäfte – symptomatisch für das Alter war. Nicht zuletzt aus diesem Grunde wurde in diesem Lebensabschnitt so gerne Pelzkleidung getragen, wie zahlreiche Werke belegen.

Vor diesem Hintergrund ist **Rosalba Carrieras** (1675-1757) *Selbstbildnis als „Der Winter"*[40] zu sehen. Eine hoch gebildete Künstlerin, war sie über die Miniaturmalerei zum Pastell gekommen. Ihre anmutigen und eleganten Porträts fanden schnell große Bewunderung, so dass sie – ganz ungewöhnlich für die Zeit – 1703 in die Accademia di San Luca in Rom aufgenommen wurde.

Dass unter der routinierten, modischen Oberfläche großes Charakterisierungsvermögen liegt, wird in dieser allegorischen Darstellung des Lebensabends deutlich. Keinem Auftraggeber zu Zugeständnissen verpflichtet, zeigt sie ungeschönt das eigene Alter aber auch die erreichte gesellschaftliche Position. Ihre Mimik verrät Ernst und Sachlichkeit. Lediglich durch das pelzverbrämte Kostüm erhält die Darstellung ein wenig spielerische Leichtigkeit, die früher so viele ihrer Porträts auszeichnete. August III von Sachsen war einer ihrer ambitioniertesten Bewunderer und hat eine große Sammlung ihrer Werke zusammengetragen, darunter auch dieses Pastell, das sich noch heute in Dresden befindet.

Ihr letztes *Selbstbildnis*[41] entstand nach 1746, da in diesem Jahr das schwere Augenleiden begann, welches fünf Jahre später zur völligen Erblindung führen sollte. Das Bildnis präsentiert eine nüchterne Bestandsaufnahme des Gesichts und verweigert jegliches Zugeständnis an Mode und Konvention. Mit seltener Schonungslosigkeit scheinen jede Falte und jedes Zeichen des Verfalls festgehalten zu sein und auf die Abkehr von allem weltlichen Tand zu verweisen.

Einer so beeindruckend ehrlichen Auseinandersetzung mit eigener Schwäche, Krankheit und der Suche nach der puren Essenz des letzten

---

[40] Rosalba Carriera, *Selbstbildnis als „Der Winter."* Pastell auf Papier, 46 5 x 34 cm, Galerie Alte Meister, Dresden.

[41] Rosalba Carriera, *Selbstbildnis,* nach 1746. Pastell auf Karton, 31 x 25 cm. Gallerie dell'Accademia, Venedig.

Lebensabschnittes werden wir erst, wenngleich weniger drastisch, rund 70 Jahre später bei dem Spanier Goya wieder begegnen.

Alter und Memento mori

Ging es bislang bei der „ungeschminkten" Darstellung des Alters um die künstlerische Aufarbeitung bzw. die Beschäftigung mit einer individuellen Persönlichkeit oder die Quintessenz gelebten Lebens, so gibt es seit dem Mittelalter die Präsentation des körperlichen Verfalls – vorzugsweise des weiblichen Körpers – als Hinweis auf die Vergänglichkeit der Schönheit und als Mahnung an den Betrachter, ein gottesfürchtiges Leben zu führen.

Ein solches Memento mori ist die äußerst ungewöhnliche Skulptur der *Vanitas*[42] aus dem 15. Jahrhundert, die den Ulmer Bildschnitzern Michel Erhart oder Jörg Syrlin d. Ä. zugeschrieben wird. Ihre ursprüngliche Funktion ist noch völlig ungeklärt.[43] Die drei nackten Figuren – Jüngling, Mädchen und alte Frau – sind aus einem Holz geschnitzt. Sie stehen im Dreieck auf einem Sockel, der die Form einer Grasnarbe hat. Die Rücken einander zugekehrt, wenden sich ihre Gesichter dem Betrachter zu. Die Gruppe wurde offenbar sehr geschätzt und in einem „thurmartigen Kästchen", einem Ledergehäuse, verwahrt, „dessen Ausschnitt bei der Drehung [einer Spindel] eine Figur nach der anderen erscheinen ließ,"[44] doch heute verloren ist.

Seit der Darstellung von Adam und Eva hatte der nackte Körper, wenn auch zögerlich, Einzug in die christliche Kunst gehalten. Doch anders als die Antike, hat das frühe Mittelalter den entblößten Leib nicht gefeiert, sondern im Gedanken an die Vertreibung aus dem Paradies mit Demütigung und dem Eingeständnis der Sünde verknüpft.[45] Diese in der christlichen Tradition lange Zeit vorherrschende Einstellung zum Nackten führte

---

[42] Michel Erhart oder Jörg Syrlin d. Ä., *Vanitas*, 46 cm h, Kunsthistorisches Museum, Wien.

[43] Die Figurengruppe wird 1765 im Inventar der habsburgischen Kunstkammer in Graz beschrieben, doch wurde sie nicht als Schaustück für eine Kunstkammer geschaffen, denn dafür ist sie zu groß.

[44] Beschreibung von Eduard von Sacken, der die Gruppe in St. Florian noch im Behälter gesehen hatte.

[45] Kenneth Clark, *The Nude. A study of Ideal Art*. Middlesex [5]1980, S. 303. Zwar gab es bereits um 1400 ganz nackte Einzelfiguren als Nachahmung der Antike in der Sammlung des Duc de Berry.

insbesondere in der Plastik zu nahezu übersteigerter Wiedergabe körperlicher Gebrechen, und die „Garstige Alte"[46] wurde zu einem im Spätmittelalter weit verbreiteten Typus. Die hier gezeigte Skulptur erinnert außerdem an die geschnitzten Doppelfiguren aus dem 13. Jahrhundert, in denen die nackte Frau von vorne jung und verführerisch aussieht, jedoch von der Rückseite her alt und von Würmern zerfressen erscheint. Die sorgfältige farbige Fassung der Figuren zeigt eine farbliche Abstufung vom Mädchen über Jüngling zur Alten. Darüber hinaus hat der Maler zunehmend mehr Adern angedeutet und das Inkarnat der alten Frau mit auf Stirn, Brust und Bein gemalten Fliegen „belebt"[47]. Waren diese aus Holz geschnitzten Figuren für den Kunsthistoriker Julius von Schlosser mit „hohem Ernst und einer Keuschheit der Empfindung" ausgestattet, kommen dem westlichen Betrachter der 6teiligen Serie *Giyahtei*[48] von **Manabu Yamanaka** (geb. 1959 Hyogo, Japan, lebt in Tokio) durchaus Zweifel. Die 1995 entstandenen Fotografien zeigen erbarmungslos die nackten Körper von über 90jährigen Frauen. Zunächst fällt die ungewöhnliche Bildaufteilung auf, die den Eindruck von Gedrücktheit und Leere und damit von Einsamkeit, Kraft und vor allem Hilflosigkeit, der auf diesen Fotografien zum Ausdruck kommt, noch unterstreicht. Die Frauen befinden sich am Ende ihres Lebens und müssen den Weg ins „Nichts" alleine gehen. Es gibt keinerlei Andeutung von Ort oder überhaupt von Räumlichkeit, stehend oder liegend werden die Frauen dem Betrachter in Lebensgröße vor rein weißem, abstraktem Hintergrund gegenüber gestellt, und so kann der Blick kaum ausweichen. Er muss hinsehen. Für Yamanaka dokumentieren diese Aufnahmen entsprechend der buddhistischen Denkweise den schmalen Grat zwischen Leben und Tod „The last physical body of human who is just vanishing away." Der Begriff „Giyahtei" stammt aus dem Buddhismus, doch dessen theologisch-ethische Bedeutung will der Künstler nicht näher erläutern. Für Peter Weiermaier kehrt sich „die Frau als Sinnbild des Liebreizes und der Lust in ihr Gegenteil um, wird zur mittelalterlichen Vanitasgestalt eines zur Photographie gewordenen Hans Baldung Grien." Und er schreibt weiter: „Diese ungewöhnlichen, jedoch keineswegs spekulativ gemeinten, sondern berührenden Bilder von Menschen am Rande des

---

[46] Um 1480-1500, 2 x aus Südwestdeutschland, heute Liebighaus, Frankfurt.

[47] Die Fassung ist erstaunlich gut erhalten und wurde wegen ihrer Feinheit dem Augsburger Maler Hans Holbein d. Ä. zugeschrieben.

[48] Manabu Yamanaka, *Giyahtei*, 1995. Serie aus 6 Fotografien, Gelatinesilberdrucke auf Holz, je 173 x 80 cm, Besitz des Künstlers.

Todes sind in ihrer radikalen Menschlichkeit erschreckend und schonungslos.“[49]
Doch die Fotografien rühren an sittliche Tabus und werfen Fragen auf,
auch danach, wie die Aufnahmen, die in Japan nicht gezeigt werden dürfen, überhaupt zustande kamen. Dass die Bilder nur Frauen zeigen, begründet der Fotograf damit, dass es keine so alten Männer gäbe.
Überhaupt hat sich die Kunst nur selten mit dem nackten männlichen
Körper im Alter beschäftigt. Zeigen die aus dem Mittelalter stammenden
Vanitas-Darstellungen den Verfall des weiblichen Körpers als Mahnung,
so findet sich – positiv besetzt – der alte ausgemergelte männliche Kör-
per insbesondere in der Wiedergabe des büßenden Hieronymus in der
Wüste oder des alten Hiob. Diese Themen fanden ihre weiteste Verbrei-
tung im Barock, der auch Diogenes oder Seneca als altersschwache
Greise darstellte. Obwohl dem nackten Alten vergleichsweise wenig Inte-
resse entgegen gebracht wird, hat **John Coplans** (geb. 1920, lebt in
New York) seine künstlerische Arbeit dem Alterungsprozess des eigenen
Körpers gewidmet und diesen über die Jahre in Schwarzweiß-
Aufnahmen dokumentiert.
Coplans hatte in den 1960er Jahren die abstrakte Malerei aufgegeben,
um sich verstärkt der Kunstkritik zu widmen – u.a. als Mitbegründer des
sehr erfolgreichen Kunstmagazins *artforum* – und griff Ende der 1970er
Jahre zum ersten Mal zur Kamera. Im Alter von 59 Jahren begann er,
sich Stück für Stück, von den Händen bis zu den Füßen, abzulichten.
Nach eigener Aussage schätzt Coplans an der Fotografie die Möglichkeit, unpersönlich, rational und systematisch vorgehen zu können: „Was
mich daran interessiert, ist der Vergleich zwischen Aktzeichnung und der
fotografischen Auslieferung, Zurschaustellung des nackten Körpers.“[50]
Frieze No. 1[51] von 1994 zeigt ledrig und faltig wirkende Körperteile. Sie
bleiben anonym, buchstäblich gesichtslos und verweisen auf den Künstler, so wie er ist – 79 Jahre alt. Nichts lenkt den Blick ab von dem unbe-
schönigten Körper, kein Hintergrund, keine farbliche Gestaltung noch irgendwelche Accessoires wie Kleidungsstücke oder Schmuck. Der frag-

---

[49] Peter Weiermair, *Lust und Leere. Überlegungen des Kurators.* In Ausst.-Kat. *Lust
und Leere. Japanische Photographie der Gegenwart.* Kunsthalle Wien im
Museumsquartier / Kunsthalle zu Kiel 1997, S. 13.
[50] John Coplans, My Chronology. In: *A Self-Portrait*, New York, P.S.1 Contemporary
Art Center, 1997, S. 137.
[51] John Coplans, *Frieze No. 1,* 1994 Polaroid positiv / negativ, Diptychon, je 198 x 86
cm.

mentierte Torso füllt fast den gesamten Bildraum aus, der menschliche Körper wird zur abstrakten Form. Durch diese Kunstgriffe wird die Entblößung gemildert. Der Körper dient hier nicht der Selbstdarstellung, sondern wird zum Mittel einer künstlerischen Strategie, die ihn abstrakt und unpersönlich erscheinen lässt. Anders als die Aktzeichnung hält die Fotografie auch das kleinste Detail fest und erinnert hierin an die hyperrealistischen Vanitas-Darstellungen des späten Mittelalters. Zudem hat Coplans für diese Arbeit die beim mittelalterlichen Andachtsbild häufig anzutreffende Form des Diptychons gewählt.

Doch dient auch Coplans das fotografische Festhalten des eigenen Körpers in verschiedenen Posen und Stellungen, als Fragment oder als Montage, letztlich der ganz persönlichen Selbsterfahrung wie auch dem Ausloten menschlicher Existenzformen. Wie Rosalba Carriera zeigt Coplans mit zunehmendem Alter größere Gelassenheit und ist nicht mehr bereit, sich dem gesellschaftlichen Druck, wie man sich zu zeigen hat, zu beugen.

Alter und Vision

Ende der 1970er Jahre wurde der kanadische Künstler und Kunsthistoriker **Jeff Wall** (geb. 1946, lebt in Vancouver) mit großformatigen Diapositiven bekannt, die er in Leuchtkästen präsentierte und die dadurch eine ganz besondere Strahlkraft entfalteten. Obwohl er seine Szenerien genauestens plante, erwecken sie zumeist den Anschein, als sei der Fotograf nur zufällig vor Ort gewesen.

Die vergleichsweise kleine Arbeit *The Giant*[52] von 1992 zeigt eine nackte alte Frau, die, auf dem Treppenabsatz einer mehrgeschossigen Bibliothek stehend, den Blick auf einen Notizzettel heftet, den sie in der Hand hält. Weder ihre Monumentalität noch die Nacktheit erregen Aufmerksamkeit, die Frau scheint von den Anwesenden gar nicht wahrgenommen zu werden. Wall, der sich in seinen Arbeiten wiederholt mit der Ikonografie auseinander gesetzt hat, stellt hier die Sapientia, die Personifikation der Weisheit, als Lebenserfahrung dar, die zum Wissen über das gelebte Leben gelangt ist und kontrastiert somit das in Büchern weiter gereichte Geistige mit der Erkenntnis aus sinnlicher Erfahrung.

---

[52] Jeff Wall *The Giant*. Großdia in Leuchtkasten, 39 x 48 cm, Sammlung Zellweger-Luwa AG, Uster. .

Um „eine Art philosophischer Komödie zu entwickeln" (Wall)[53], setzte der Künstler bei dieser Arbeit erstmals die heute in der Filmindustrie gängigen „special effects" ein.

Zum Schluss möchte ich noch eine ungewöhnliche Altersprojektion vorstellen. Die Serie *My Grandmothers* wird von **Miwa Yanagi** (geb. 1967 in Kobe, Japan, lebt in Kyoto) seit 1999 in unregelmäßigen Abständen fortgesetzt. „Großmütter" heißt lediglich, dass es sich um alt gewordene Frauen handelt. Die Japanerin fragte junge Frauen, wie sie denn gerne im Alter leben würden und setzte die ungewöhnlichsten Lebensentwürfe in Fotografien um, die jeweils von dem Text der jungen Frau begleitet werden. In den sorgfältig inszenierten und aufwändig produzierten Arbeiten geht es nicht um realistische Einschätzung des künftigen Lebensabends sondern um Kraft, Freiheit und den Mut, Visionen zu haben und quer zur Konvention zu denken. Die Gesichter der jungen Japanerinnen, die jeweils ihren eigenen Zukunftstraum verkörpern, wurden mit einem speziellen Computerprogramm gealtert, um eine gewisse Authentizität zu erhalten. Der Vorwurf „Die Alten wirken nicht alt, sondern monströs"[54] greift die Provokation auf, mit der die Künstlerin das häßliche, das übersteigerte, da nicht tatsächliche Alter ins Bild einführt. Miwa Yanagi bildet eine Fantasie über das Gealterte ab, nicht das Alter selbst. Der Tod selbst kann warten; er ist abstrakt. Aber die Todesnähe des Alters ist vorstellbar.

Yuka[55], 2000, durchquert mit ihrem jetzigen wesentlich jüngeren Freund Amerika, auf der Suche nach Öl – einem seiner verrückten Träume. Er läßt immer noch nicht locker und will sie heiraten. Kinder und Enkel hat sie lange nicht mehr gesehen...

Das Recht auf Kurswechsel und radikale Selbstbestimmung erinnert an Bertolt Brecht, *Die unwürdige Greisin*. Und auch *Regine & Yoko*[56] haben ihr Leben völlig neu eingerichtet. „Regine: Ich habe dieses Haus gekauft, um hier einen ruhigen Lebensabend zu verbringen, aber auf einmal ist es wieder lebhaft geworden. Und obwohl mich in letzter Zeit auch mein

---

[53] Kerry Brougher (Hg.), *Jeff Wall*. The Museum of Contemporary Art, Los Angeles, Zürich / Berlin / New York, Scalo 1997, S. 34.

[54] Peter Herbstreuth, Unterschiede im Gleichen – ein Erinnerungsprojekt. Zur Bildkonzeption von Miwa Yanagi. In: Deutsche Bank Art, *Miwa Yanagi. Sammlung Deutsche Bank*. Frankfurt / M. 2004 S. 7-24, S. 12.

[55] *Yuka*, 2000, C-Print auf Plexiglas, 160 x 160 cm, Sammlung Deutsche Bank.

[56] *Regine & Yoko*, 2001, C-Print auf Plexiglas, 128 x 160 cm, Sammlung Deutsche Bank.

Körper das Alter spüren läßt, bin ich doch immer bis zum Schluss dabei, wenn Yoko bis in die frühen Morgenstunden ein Gericht nach dem anderen reicht. Immer in Bewegung und energiegeladen wie ein Kind, ist sie auch der Mensch, der mich in fremde Welten führt. Früher wohnten wir abwechselnd in Japan und Deutschland. Schließlich wählten wir Deutschland als Wohnort, und leben nun schon seit mehreren Jahrzehnten zusammen. Yoko: Du, Regine, wen sollen wir denn zur nächsten Party einladen?"

Die Vorstellung, im Alter das erreichen zu können, was man in der Jugend und im frühen Erwachsenenalter nicht vermocht hat, ist neu – und sicherlich eine Vision, wie sie nur von jungen Menschen geäußert werden kann, wenn weder Resignation noch Fügung ins Unvermeidliche das Leben bestimmen. Es ist interessant, dass diese Visionen gerade von Japanerinnen entwickelt wurden, in deren Land die gesellschaftlichen Zwänge besonders ausgeprägt sind.

Meine Ausführungen sollten einen Eindruck von der Vielfalt der in der bildenden Kunst behandelten Sichtweisen des Alters und des Alt-Seins vermitteln. Zwar gibt es keine eigene kunstgeschichtliche Tradition der Altersdarstellung, wohl aber traditionelle Überlieferung einzelner Aspekte, deren Darstellungen immer im Kontext ihrer Entstehungszeit (Gesellschaft und Ethik) zu sehen sind, wie auch in Abhängigkeit von der gestaltenden Künstlerpersönlichkeit. Hier fließen nun wieder eigenes Alter – Wahrnehmung – Vermögen (Unabhängigkeit vom Auftraggeber) mit ein.

ALFRED BOSS

Wie viele Alte können wir uns leisten?
Volkswirtschaftliche Probleme einer alternden Gesellschaft

I. Alterung und Altenquotient: Was ist gemeint?

„Vom Altern einer Gesellschaft spricht man (...) dann, wenn die nachwachsenden Generationen zahlenmäßig schwächer sind als die älteren,
der Anteil der Älteren gegenüber dem der Jüngeren wächst und das
Durchschnittsalter steigt" (Grohmann 2003: 443). Die demographische
Alterung lässt sich messen anhand des Altenquotienten:

$$\text{Altenquotient} = \frac{\text{Zahl der Personen im Alter von 60 oder mehr Jahren}}{\text{Zahl der Personen im Alter von 20 bis unter 60 Jahren}}$$

Der Altenquotient einer stationären Bevölkerung ist ein Maßstab zur Beurteilung des jeweiligen tatsächlichen Altenquotienten (Grohmann 2004:
186). In der stationären Bevölkerung[1] auf der Basis einer aktuellen Sterbetafel (1998/2000) für das frühere Bundesgebiet beträgt der Altenquotient rund 50. Der tatsächliche Altenquotient betrug im Jahr 1957, als die
dynamische Rente[2] eingeführt wurde, rund 28 (Abb. 1, entnommen aus
Grohmann 2003). Er stieg dann deutlich. In den achtziger Jahren lag er
bei rund 36. Dann ging es „bergauf". Diese Entwicklung wird noch viele
Jahre andauern. Ein Maximum wird im Jahr 2030 erreicht werden. Die
sich abzeichnende Entwicklung kommt nicht überraschend (Grohmann
2003: 444-445). Modellrechnungen, die vor rund 20 Jahren angestellt
wurden und teilweise nur bis zum Jahr 2030 reichten, haben sich als erstaunlich gut erwiesen (Abb. 2, entnommen aus Grohmann 2003). Das
Maximum für den Altenquotienten wurde schon damals etwa für das Jahr
2030 erwartet, allerdings war ein Niveau unter 70 prognostiziert worden.
Nach wie vor gilt: Dem „Maximum um 2030 folgt, wenn überhaupt, nur
ein mäßiger Rückgang" (Grohmann 2003: 445).

---

[1] Sie ist durch folgende Merkmale gekennzeichnet: Die Sterblichkeit in allen
Altersstufen ist konstant. Der Altersaufbau verändert sich nicht. Die Zahl der
Sterbefälle ist konstant und gleicht der Zahl der Geburten. Ein- und Auswanderung
gibt es nicht.
[2] Dynamische Rente bedeutet: Die Renten werden entsprechend der allgemeinen
Einkommensentwicklung verändert.

Abb. 1: Die Entwicklung des Altenquotienten 1951–2050,
tatsächliche Entwicklung und Vorausberechnung
des Statistischen Bundesamtes, früheres Bundesgebiet

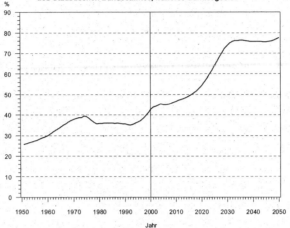

Jahr

Quelle: 1951–1998: Wirtschaft und Statistik 11/2001: 915; eigene Berechnungen.
1998–2050: Statistisches Bundesamt: 9. koordinierte Bevölkerungsvorausberechnung; eigene Berechnungen.
(Die inzwischen vorliegende 10. koordinierte Bevölkerungsvorausberechnung enthält keine Daten
über das frühere Bundesgebiet.)

Abb. 2: Die Entwicklung des Altenquotienten
nach früheren Vorausrechnungen, früheres Bundesgebiet

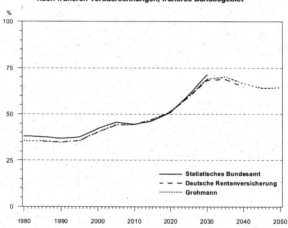

——— Statistisches Bundesamt
– – – Deutsche Rentenversicherung
············ Grohmann

Quelle: Statistisches Bundesamt, Modell I (Bundestags-Drucksache 8/4437 vom 8.8.1980: 42ff),
Deutsche Rentenversicherung 1983: 134, Grohmann 1984: 17

II. Bevölkerung und Altersaufbau: Entwicklung über die Jahrzehnte

Die Bevölkerung wird in den kommenden Jahrzehnten kräftig schrumpfen. Nach der für am wahrscheinlichsten gehaltenen Variante der Vorausrechnungen des Statistischen Bundesamtes wird sie im Jahr 2050 75 Millionen Einwohner betragen (Ende 2004 rund 82,5 Millionen). Nach anderen Varianten der Vorausrechnungen stellt sich die Lage günstiger oder ungünstiger dar (zu Details vgl. Sachverständigenrat 2004, Tabelle 50).

Die Lebenserwartung bewegt sich hin zu den prognostizierten Werten. Für einen Neugeborenen beträgt sie aktuell rund 76 bzw. 81 Jahre (Tabelle 1). Die fernere Lebenserwartung für einen 60-Jährigen beträgt 20 Jahre, die für eine 60-Jährige 24 Jahre.

Tabelle 1:
Lebenserwartung nach der Sterbetafel 2001/2003 (in Jahren)

	männlich	Weiblich
Neugeborene	75,6	81,3
60-Jährige	19,8	23,9

Quelle: Statistisches Bundesamt (2004).

Nach der ersten allgemeinen Sterbetafel für das Deutsche Reich, die auf den Verhältnissen in den Jahren 1871/1881 beruht, betrug die durchschnittliche Lebenserwartung für einen neugeborenen Jungen 35,6 Jahre und für ein Mädchen 38,5 Jahre (Statistisches Bundesamt 2004). Und noch ein Vergleich: Von 1950 bis 2000 ist die Lebenserwartung von neugeborenen Mädchen um mehr als 12 Jahre und die von neugeborenen Jungen um mehr als 10 Jahre gestiegen.

Bei der prognostizierten Schrumpfung der Bevölkerung wird sich der Altersaufbau gravierend verändern. Damit dies verständlich wird, wird zunächst erläutert, wie ein Altersaufbau zu verstehen ist.

Die Gliederung der Bevölkerung nach Alter und Geschlecht lässt sich anschaulich in Form eines doppelten Stäbchendiagramms darstellen. Dabei enthält die senkrecht gestellte Abszisse die Einteilung in Altersklassen. Auf der in die Horizontale gedrehten Ordinate werden die Be-

setzungszahlen abgetragen – nach links für die Männer, nach rechts für die Frauen[3].
Der Altersaufbau zum 31.12.1981, der sich auf das frühere Bundesgebiet bezieht, macht einige Phänomene deutlich sichtbar: Auswirkungen der Weltkriege, Geburtenboom um 1964, Geburtenrückgang bis 1975 (Abbildung 3, entnommen aus Grohmann 2003).

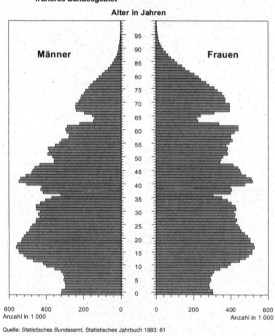

Abb. 3: Altersaufbau der Wohnbevölkerung am 31.12.1981, früheres Bundesgebiet

Quelle: *Statistisches Bundesamt, Statistisches Jahrbuch* 1983: 61

Der Altersaufbau zum 31.12.2000 sieht ganz anders aus. Es ist höchst bemerkenswert, dass der Altersaufbau zum 31.12.2000 Anfang der achtziger Jahre gut prognostiziert worden war (Abbildung 4, entnommen aus Grohmann 2003). Fehler ergaben sich eigentlich nur daraus, dass für die unter 60-Jährigen der Zuwanderungsüberschuss infolge des

---

[3] Will man die Struktur unterschiedlich großer Bevölkerungen miteinander vergleichen, empfiehlt es sich, die Besetzungszahlen durch Anteilszahlen zu ersetzen.

Wegfalls des Eisernen Vorhangs nicht gesehen worden war, und daraus, dass die Sterblichkeit im Rentenalter überschätzt worden war (Grohmann 2003: 447-448). Was den Altenquotienten betrifft, so kompensieren sich beide Fehler exakt.

Abb. 4: Der vorausgeschätzte und der tatsächliche Altersaufbau der Bevölkerung am 31.12.2000, früheres Bundesgebiet

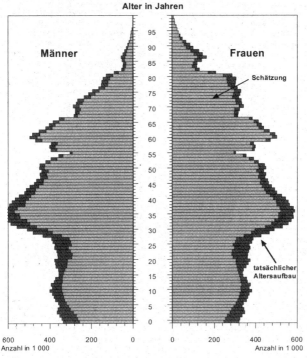

Quelle: Innere Konturen: In den frühen 1980er Jahren unter Status-Quo-Bedingungen vorausgeschätzt; siehe z.B. *Grohmann* 1985: 39. Äußere Konturen: Vom Statistischen Bundesamt ermittelter tatsächlicher Altersaufbau; Statistisches Jahrbuch 2002: 60.

Ein Blick auf den Altersaufbau zum 31.12.2030 macht Sorgen. Einen Altersaufbau, wie den im Jahr 2030 nennt man – viel sagend – urnenförmig.
Wie der Altersaufbau im Jahr 2030 aussehen wird, war schon vor 20 Jahren mehr oder weniger klar gesehen worden (Abbildung 5, entnommen aus Grohmann 2003). Fehler resultieren wiederum aus Fehlern bei

der Schätzung des Zuwanderungssaldos und bei der Prognose der Lebenserwartung.

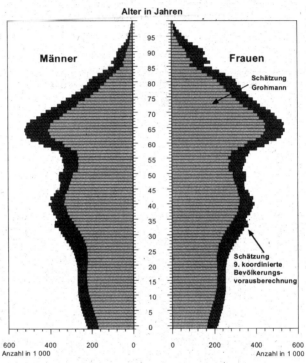

Abb. 5: Der Altersaufbau der Bevölkerung am 31. 12. 2030
nach zwei verschiedenen Vorausrechnungen, früheres Bundesgebiet

Alter in Jahren

Quelle: Innere Konturen: In den frühen 1980er Jahren unter Status-Quo-Bedingungen vorausgeschätzt;
siehe z.B. *Grohmann* 1985: 39. Äußere Konturen: In der 9. koordinierten Bevölkerungsvorausberechnung
vorausgeschätzt.

Langfristige Bevölkerungsvorausrechnungen erweisen sich offenbar als verlässlich und haben insofern Sinn. Zunächst: Ein einmal vorhandener Altersaufbau wirkt sehr langfristig nach (Grohmann 2003: 449). Hinzu kommt: „Die Geburtenhäufigkeit und die Sterblichkeit weisen infolge biologischer Bedingtheiten und sozialer Normen (...) allenfalls allmähliche und damit in Grenzen vorhersehbare Veränderungen auf. Auch hier resultiert eine bemerkenswerte Beharrungstendenz. Anders ist das nur bei den Zu- und Abwanderungen" (Grohmann 2003: 449). Im Folgenden geht es also nicht um Probleme, die sich vielleicht gar nicht als solche erweisen werden.

Ursachen der immensen Alterung sind „in erster Linie und ganz entscheidend (...) das seit langem niedrige Geburtenniveau, das um mehr als ein Drittel unter dem zur Bestandserhaltung nötigen liegt" (Grohmann 2003: 451) und „in weit geringerem Maße (...) die (...) steigende Lebenserwartung" (ebenda). Etwas anders formuliert: „Die demografische Herausforderung, vor der wir (...) stehen, ist entscheidend eine Folge des niedrigen Geburtenniveaus der vergangenen drei Jahrzehnte, während das Sinken der Sterblichkeit die Alterung zwar (...) verstärkt, doch längst nicht in gleichem Maße" (Grohmann 2004: 187).

Der tatsächliche Altersaufbau in Deutschland war in den vergangenen Jahrzehnten günstig und wird es bis zum Jahr 2015 sein. Erst dann wird die Entwicklung umschlagen und dramatische Züge annehmen. So wird das Durchschnittsalter der Bevölkerung auf 48 ½ Jahre im Jahr 2050 zunehmen (2004: 42 Jahre). Die Zahl der Personen im erwerbsfähigen Alter (20 bis unter 60 Jahre) wird um rund 10 Millionen sinken (vgl. hierzu Deutsche Bundesbank 2004: 17).

III. Auswirkungen der Alterung

Altert eine Gesellschaft und schrumpft dabei die Bevölkerung, so hat das Konsequenzen beispielsweise für die Nachfrage nach Gütern und Dienstleistungen (Siebert 2002). So ändert sich die Struktur der Konsumausgaben zugunsten von Freizeitgütern, Tourismus und Gesundheitsdienstleistungen. Auch ändern sich die Nachfrage nach Wohnungen (quantitativ und qualitativ) sowie der Bedarf an Infrastruktur (Bildungseinrichtungen, Krankenhäuser, Altenheime, Kindergärten etc.). Bedeutsame Auswirkungen hat die Alterung auch auf das Arbeitsangebot und dessen Struktur. Ferner ändert sich das Sparverhalten. Schließlich sind wesentliche Veränderungen der Arbeitsproduktivität zu erwarten (Siebert 2002). Ein unmittelbarer Effekt der Schrumpfung und der Alterung besteht darin, dass das Arbeitsangebot im Vergleich zur Bevölkerungszahl sinkt. Vernachlässigt man – zunächst – Markt- und Politikreaktionen, so nehmen die gesamtwirtschaftlichen Produktionsmöglichkeiten ab. Die Wachstumsrate des realen Bruttoinlandsprodukts sinkt bei dem absehbaren Rückgang des Arbeitskräftepotentials – unter sonst gleichen Umständen

– auf lange Sicht um einen drittel Prozentpunkt (Deutsche Bundesbank 2004: 18).[4]
Das Wachstum des Produktionspotentials, also die langfristige Zunahme des realen Bruttoinlandsprodukts, hängt auch von der Entwicklung der Arbeitsproduktivität ab. Allerdings ist unklar, wie sich die Arbeitsproduktivität verändern wird. Die Ausgestaltung des Bildungsprozesses wird dabei eine erhebliche Rolle spielen. Zu bedenken ist auch, dass die zahlreicher werdenden Alten zwar Erfahrung einbringen können, aber wohl nur begrenzt lernbereit sind.

Es gibt freilich Reaktionen des Marktes. Arbeit wird relativ knapp mit Folgen für den Reallohn. Der Kapitalstock wird sich anpassen, das gilt auch für den Realzins. Bei alledem spielt eine große Rolle, welche Entwicklungen in der Welt insgesamt eintreten werden. Es gibt zwar durchaus Länder, die ähnliche demografische Entwicklungen wie Deutschland durchmachen (Siebert 2002; BMF 2004), es gibt aber auch andere Länder.

Grundsätzlich ist eine Marktwirtschaft imstande, mit all den demografisch bedingten Änderungen fertig zu werden. Preise, Löhne, Zinsen etc. reagieren auf sie. Die Konsequenzen der Alterung wären nicht dramatisch, wenn das deutsche System der sozialen Sicherung (Renten-, Kranken- und Pflegeversicherung) nicht darauf basieren würde, dass sich die Bevölkerung regeneriert. Die Systeme beruhen aber auf dem Umlageverfahren, in dem nicht durch Sparen Vorsorge getroffen wird, und das hat Konsequenzen. Um sie geht es im nächsten Abschnitt.

Diese Konsequenzen treffen uns nicht unerwartet. Es wurde vorhergesagt, dass die Alterung der Bevölkerung in Deutschland ernste Finanzierungsprobleme in der Sozialversicherung bereiten wird. Es wurde auch gesehen, dass diese Problematik uns lange begleiten wird. Ein Beispiel für diese Prognosen: „The question of how to cope with the financial difficulties associated with population aging will remain on the agenda of the economic policy debate for decades to come" (Paqué und Soltwedel 1992: 51).

---

[4] Dies ist ein beträchtlicher Effekt, bedenkt man, dass die jahresdurchschnittliche Wachstumsrate für den Zeitraum 1994–2004 lediglich 1,3 Prozent beträgt.

IV. Finanzierungsprobleme in einer alternden Gesellschaft

1. Rentenversicherung

Seit dem Ende der siebziger Jahre sind zahlreiche Sanierungsmaßnahmen ergriffen worden. Es gab aber auch zwei gravierende Fehlentscheidungen: die Übertragung des westdeutschen Rentenrechts auf die neuen Länder und die maßlose Ausweitung der Frühverrentung (Grohmann 2004: 192–193).

Ende des Jahres 2003 wurden Notmaßnahmen zur Verbesserung der Finanzlage der Rentenversicherung durchgeführt. Sie bestanden unter anderem darin, dass die Rentner den Beitrag zur Pflegeversicherung vollständig übernehmen mussten und dass die Rentenanpassung im Juli 2004 unterblieb. Insgesamt ergibt sich bis zum Jahr 2030 eine Entlastung der Rentenversicherung um 0,5 Beitragssatzpunkte.

Im Jahr 2004 wurde die eigentliche Rentenreform, das Gesetz zur Sicherung der nachhaltigen Finanzierungsgrundlagen der gesetzlichen Rentenversicherung, beschlossen. Kernstück der Reform ist die Ergänzung der Rentenanpassungsformel um einen Nachhaltigkeitsfaktor. Er berücksichtigt die Entwicklung des Verhältnisses der Zahl der Rentner zu der Zahl der Beitragszahler (Rentenquotient) und trägt der demographischen Entwicklung sowie Änderungen der Erwerbstätigkeit Rechnung. Steigt der Rentnerquotient, so erhöhen sich die Renten in einem geringeren Ausmaß als die Bruttolöhne im Durchschnitt. Durch den Nachhaltigkeitsfaktor wird der Rentenzahlbetrag im Jahr 2030 im Vergleich zur rentenrechtlichen Situation ohne Reform um 7,7 vH niedriger sein. Die Entlastung durch die geänderte Rentenanpassung beträgt laut Bundesregierung 1,6 Beitragssatzpunkte im Jahr 2030 (Sachverständigenrat 2004).

Unter bestimmten Annahmen wird der Beitragssatz in der Rentenversicherung trotz verschiedener Reformmaßnahmen bis zum Jahr 2040 auf fast 23 Prozent steigen (Sachverständigenrat 2004, Schaubild 73). Ohne die Reformen im Jahr 2004 wären fast 26 Prozent zu erwarten gewesen. Das Bruttorentenniveau, (Brutto-)Standardrente im Verhältnis zum Durchschnittsentgelt, betrug im Jahr 2004 rund 47 ½ Prozent; es wird bis zum Jahr 2030 auf knapp 40 Prozent abnehmen (Sachverständigenrat 2004, Schaubild 74). Ohne Reformen hätte es im Jahr 2030 42,4 Prozent betragen, freilich bei einem höheren Beitragssatz. Rückwirkungen der Reform auf die wirtschaftliche Entwicklung sind dabei nicht berücksichtigt.

71

Das Sicherungsniveau vor Steuern, Standardrente (minus durchschnittlicher Beitrag zur Krankenversicherung minus Beitrag zur Pflegeversicherung) dividiert durch verfügbares Durchschnittsentgelt (Durchschnittsentgelt (vor Steuern) minus durchschnittlichen Arbeitnehmerbeitrag zur Sozialversicherung einschließlich des durchschnittlichen Aufwands zur zusätzlichen Altersvorsorge), wird von 52,4 Prozent im Jahr 2004 auf etwa 43 Prozent im Jahr 2030 sinken (Sachverständigenrat 2004, Schaubild 74). Ohne Reform wären diese Werte, aber auch der Beitragssatz höher. Dabei bleiben abermals Rückwirkungen unberücksichtigt.
Die Rente wird im Jahr 2030 nur noch eine Basisversorgung sichern. Sie muss ergänzt werden durch private Vorsorgemaßnahmen. Staatliche Fördermaßnahmen sind in Kraft getreten („Riester"-Rente; Altersvorsorgezulage).
Weitere Reformen werden unausweichlich sein. Genannt seien folgende Entlastungsstrategien für die Rentenversicherung, die teilweise neue Fragen aufwerfen:

- Ausweitung des Kreises der Versicherten (höhere Beitragsbemessungsgrenze, weitere Personengruppen): Wie sollen neue Anwartschaften finanziert werden?
- Anhebung des Renteneintrittsalters[5]
- Erhöhung der Erwerbsquote und/oder der Arbeitszeit je Woche
- Verstärkte Zuwanderung: Integrationsprobleme? Attraktivität des Landes für Ausländer?
- Anhebung des Zuschusses des Bundes: Finanzierung durch höhere Steuern, mehr Verschuldung oder Einschnitte in die Staatsausgaben?
- Mehr Kapitalbildung (Riester-Rente, privates Sparen): Das Übergangsproblem infolge einer Doppelbelastung der Erwerbstätigen ist nicht leicht zu lösen. Dagegen ist es leicht, ein Umlagesystem einzuführen.

Erläuterung:
Ein umlagefinanziertes System der Sozialversicherung ist politisch sehr attraktiv. Das wussten sowohl Fürst Bismarck (Gesetzliche Rentenversicherung) als auch Norbert Blüm (Soziale Pflegeversicherung). Sie haben

---

[5] Es war im Jahr 2003 bei Männern mit 63,1 Jahren rund zwei Jahre niedriger als im Jahr 1970; das Rentenzugangsalter bei Frauen war mit 63,3 Jahren so hoch wie 1970 (Deutsche Bundesbank 2004).

solche Systeme eingeführt, um auf Kosten nachfolgender Generationen Wohltaten zu verteilen. Ein umlagefinanziertes Alterssicherungssystem führt zu intergenerativer Umverteilung. „Was die eine Generation gewinnt, verlieren die anderen; ein umlagefinanziertes Rentensystem ist ein intergeneratives Nullsummenspiel" (Sachverständigenrat 2003: Ziff. 440, Kasten 13). Es entsteht implizite Staatsverschuldung.

2. Krankenversicherung

In der Gesetzlichen Krankenversicherung (GKV) sind im Jahr 2004 viele Reformmaßnahmen ergriffen worden (z.B. Praxisgebühr, erhöhte Zuzahlungen bei Arzneimitteln); weitere treten am 1. Juli 2005 in Kraft (Zahnersatz, Krankengeld). All das ändert wenig an den langfristigen Finanzierungsproblemen.

Der durchschnittliche Beitragssatz in der GKV wird angesichts der zu erwartenden demographischen Entwicklung deutlich steigen, wenn bestimmte (wenig umstrittene) Annahmen zutreffen. Die Annahmen betreffen vor allem die Ausgaben der GKV für die Versicherten in den einzelnen Altersklassen. Die Ausgaben sind umso höher, je älter die Versicherten sind (Sachverständigenrat 2004, Schaubild 79). Aufgrund des medizinisch-technischen Fortschritts dürften die Ausgaben in allen Altersstufen zunehmen.

Es bleibt abzuwarten, mit welchen Reformen dem sonst drohenden Anstieg des Beitragssatzes entgegengewirkt wird. Im politischen Raum gibt es sehr unterschiedliche Lösungsansätze.

3. Pflegeversicherung

In der Sozialen Pflegeversicherung droht unter sonst gleichen Umständen aus denselben Gründen wie in der GKV ein kräftiger Anstieg des Beitragssatzes. Der Anstieg dürfte sogar stärker als der in der GKV ausfallen. Reformmaßnahmen sind noch dringlicher als in der Krankenversicherung, spielen aber in der politischen Diskussion eine nur geringe Rolle.

4. Steuern und Ausgaben der Gebietskörperschaften

Die Alterung wird nicht nur für die Sozialversicherung gravierende Konsequenzen haben. Auch die Aktivitäten der Gebietskörperschaften (Bund, Länder und Gemeinden) werden stark betroffen sein. Viele Länder stellen sich bereits im Bereich der Schulen auf die neuen Umstände ein. All dies kann hier nicht erörtert werden.

5. Die Tragfähigkeitslücke

Nachdem die Probleme für einzelne Bereiche des Staates dargestellt worden sind, stellt sich die Frage nach einem umfassenden Indikator für die Problematik. Ökonomen haben ein Konzept entwickelt, mit dem der Handlungsbedarf in der Finanzpolitik aufgezeigt werden kann. Dieses Konzept, die „Tragfähigkeit der öffentlichen Haushalte", soll kurz dargestellt werden. Sodann sollen einige Ergebnisse und deren Sensitivität in Bezug auf die zugrunde liegenden Annahmen skizziert werden.

Öffentliche Haushalte sind „tragfähig", wenn die auf Basis des geltenden Rechts (Steuerrecht, Abgabenrecht, Sozialleistungsrecht etc.) zu erwartenden Einnahmen ausreichen, um sämtliche Zahlungs- und andere Ausgabenverpflichtungen abzudecken (Sachverständigenrat 2003: Ziff. 439). Zahlungsverpflichtungen gibt es erstens in Form von Zinsausgaben des Staates sowie der Tilgung der öffentlichen Schulden. „Dabei handelt es sich um verbriefte Forderungen der Inhaber von Staatsschuldtiteln an den Staat; ihr Barwert entspricht dem (...) Schuldenstand" (Sachverständigenrat 2003: Ziff. 439); man spricht auch von expliziten (in der Schuldenstatistik ausgewiesenen) Schulden. Zahlungsverpflichtungen gibt es zweitens in Höhe der „durch Beitragszahlungen, etwa zur Gesetzlichen Rentenversicherung, erworbenen Anwartschaften" (Sachverständigenrat 2003: Ziff. 439) sowie der Pensionsansprüche der Beamten. Diese Ansprüche sind nicht verbrieft; es handelt sich um implizite Verpflichtungen des Staates. Den Verbindlichkeiten stehen Steuer- und Beitragseinnahmen in der Zukunft gegenüber. „Wenn der Barwert aller staatlichen Zahlungsverpflichtungen unter Einschluss aller anderen geplanten Ausgaben den Barwert der zukünftigen Beitrags- und Steuereinnahmen übersteigt, tritt zusätzlich zur expliziten noch eine implizite Staatsschuld auf" (Sachverständigenrat 2003: Ziff. 439).

Technisch formuliert: Tragfähigkeit setzt die Einhaltung der intertemporalen Budgetbeschränkung des Staates voraus. Sie erfordert, „dass der Barwert aller Primärsalden dem Schuldenstand der Ausgangsperiode entspricht. Der Primärsaldo ist dabei die Differenz von staatlichen Einnahmen und staatlichen Ausgaben (ohne Zinsausgaben)" (Sachverständigenrat 2003: Ziff. 441). Die Finanzpolitik ist tragfähig, wenn der Gegenwartswert der Primärüberschüsse dem aktuellen Schuldenstand entspricht. Eine negative Differenz heißt Tragfähigkeitslücke.

Die Finanzpolitik in Deutschland ist nicht tragfähig im skizzierten Sinn. Es gibt eine Tragfähigkeitslücke. Nach den Berechnungen des Sachverständigenrats beläuft sie sich für das Jahr 2002 in Relation zum Bruttoinlandsprodukt auf 330 Prozent; dabei wurde für die Entwicklung des Bruttoinlandsprodukts eine Zuwachsrate von 1,5 Prozent zugrunde gelegt, für den Marktzins wurden 3 Prozent unterstellt. Die impliziten Schulden waren ungefähr 4,5-mal so hoch wie die expliziten (Sachverständigenrat 2003: Ziff. 445); diese beliefen sich auf rund 61 Prozent. Die beiden Arten von Schulden unterscheiden sich grundlegend. Implizite Staatsschulden können durch Reformen, durch Änderungen der Gesetze, abgebaut werden; explizite Staatsschulden müssen aufgrund privatrechtlicher Verträge bedient werden (Zins und Tilgung).

Es gibt demnach einen immensen Handlungsbedarf in der Finanz- und Sozialpolitik. Den „Korrekturbedarf" kann man an dem Ausgabenkürzungssatz oder dem Abgabenerhöhungssatz messen. Das sind die Werte, um die die Ausgaben des Staates reduziert oder die Abgaben erhöht werden müssten, um die Tragfähigkeitslücke zu schließen. Sie betragen 12,1 bzw. 14,5 Prozent. Die beiden Formen der Korrektur hätten unterschiedliche Wirkungen. Vorzuziehen sind Einschnitte in die Staatsausgaben. Sie sind mit niedrigeren Steuersätzen verbunden, das Wachstum fällt größer als sonst aus.

Den Berechnungen des Sachverständigenrates liegt die mittlere, fünfte Variante der 10. koordinierten Bevölkerungsvorausberechnung des Statistischen Bundesamtes zugrunde. Danach wird die Bevölkerungszahl von 82,5 auf 75,1 Millionen im Jahr 2050 sinken. Ändert man z.B. die Annahmen über die Lebenserwartung, dann ändern sich die Werte für die Tragfähigkeitslücke. Deren Höhe hängt auch und vor allem von der unterstellten Differenz zwischen Zins und Wachstumsrate des Bruttoinlandsprodukts ab. Bei all diesen Rechnungen bleiben Verhaltensreaktionen der Privaten und Preisreaktionen unberücksichtigt.

Irgendwelche Gerechtigkeitsurteile, intergenerative oder intragenerative, sind mit all diesen Ergebnissen nicht verbunden. Wie die Lasten verteilt werden, ist Sache der Politik. Einige Determinanten der Tragfähigkeitslücke lassen sich aber nur wenig oder nicht beeinflussen. Gestaltbar sind dagegen insbesondere die Parameter, die die Entwicklung der Einnahmen und die der Ausgaben der Sozialversicherung betreffen. Dazu zählt z.B. die Regelaltersgrenze.

V. Reaktionen der Politik

Man kann sich verschiedene Reaktionen der Politik auf die Alterung und die damit verbundene Tragfähigkeitslücke vorstellen. Politische Entscheidungen erfordern aber immer entsprechende Mehrheiten. Was ist zu erwarten? Welches Niveau sozialer Sicherung wird in einer Demokratie beschlossen, wenn einfache Mehrheiten ausreichen? Wie werden sich die Verhältnisse, unter denen entschieden wird, verändern? Werden sich soziale Normen ändern?

1. Medianwählermodell

Häufig wird Politik mithilfe des Medianwählermodells erklärt. Nach dem Medianwählermodell entscheidet – unter bestimmten Voraussetzungen – der „Wähler in der Mitte". Dieser Wähler wird immer älter sein. „Alte" haben insofern „gute Karten" bei der Festlegung der Politik in den kommenden Jahrzehnten. Sie können ihre Ansprüche sichern, indem sie die „Jungen" zusätzlich mit Steuern und/oder Sozialversicherungsbeiträgen belasten.

2. „Voice" und „exit"

Allerdings können die „Jungen" einer Anhebung der Belastung durch die Mehrheit ausweichen. Sie können weniger arbeiten, selbständig arbeiten und damit als Beitragszahler entfallen, „schwarz" arbeiten oder auswandern. Die „Alten" als Mehrheit dürfen demnach nicht „überziehen".

Die „Jungen" werden unter den Optionen „voice" (Abstimmung) und „exit" (Abwanderung) mehr und mehr die Option „exit" wahrnehmen können, also statt mit der Stimme bei der Wahl mit den Füßen abstimmen können. Dies bewirkt der verstärkte globale Wettbewerb um Kapital und um qualifizierte Arbeitskräfte. Die Belastung der Erwerbstätigen durch Steuern und Sozialbeiträge wird wohl an immer engere Grenzen stoßen.

3. Änderungen sozialer Normen?

Zu bedenken ist schließlich, dass sich gesellschaftliche Normen ändern können. Es ist beispielsweise denkbar, dass ein gelegentlich beschworener Generationenkonflikt sich nicht ergibt, mindestens aber dadurch abgemildert wird, dass viele „Alte" über ein beträchtliches Vermögen verfügen und dieses über Erbschaften (z.B. über Stiftungen) konfliktmindernd einsetzen. Vielleicht wird die Steuer auf Erbschaften erhöht, um solchen Entwicklungen „nachzuhelfen".

Vielleicht werden bald Fragen gestellt und diskutiert werden, die heute noch kaum eine Rolle oder keine Rolle spielen (Mueller, D. 2002: 280–283): Das betrifft z.B. das Thema „Sterbehilfe". Soll einem alten, an einer unheilbaren Krankheit leidenden Menschen vom Arzt erlaubt werden, das Leben zu beenden? Sollen Verwandte entscheiden dürfen, wenn dem Kranken die geistige Kraft dazu fehlt? Andere Fragen lauten: Sollen

„Alte" bei Entscheidungen über Transfers an „Alte" wählen dürfen? Sollte ein Test auf „Wahlfähigkeit" eingeführt werden? Vielleicht wird die Sozialversicherung zunehmend infrage gestellt, weil sie zu der massiven Verlängerung der Lebenserwartung beiträgt und so die Finanzprobleme verschärft (Breyer 2004: 229). Im Bereich Krankenversicherung kann man sich dies so vorstellen: Mit den Fortschritten in der Medizin steigt die Lebenserwartung, und der Anteil der Älteren in der (wahlberechtigten) Bevölkerung nimmt zu. Die Älteren setzen im politischen Prozess eine Erhöhung der Ausgaben für medizinische Forschung und Behandlung durch. Die Lebenserwartung steigt weiter. Es gibt ein Sisyphos-Syndrom in der GKV (vgl. hierzu Breyer 2004: 229). Das könnte die Frage aufwerfen: Ist jegliche medizinische Vorsorgung begründet und von der Allgemeinheit zu bezahlen? Auch könnten lebensverlängernde Maßnahmen der Hochtechnologie-Medizin für sehr alte Menschen als Bestandteile des Leistungskatalog des kollektiv finanzierten Gesundheitswesens in Frage gestellt werden, wird doch ein erheblicher Teil der medizinischen Versorgung nicht zur Erhöhung der Lebensqualität, sondern zur Verlängerung der Lebensdauer aufgewendet. Vielleicht wird diskutiert werden, ob – nach einer angemessenen Übergangsfrist – die Menschen mit einer besonders intensiven Präferenz für ein langes Leben diese Leistung entweder durch eine private Zusatzversicherung abdecken oder aus eigener Tasche bezahlen sollten (Breyer 2004: 239). Es ist offen, inwieweit sich letztlich gesellschaftliche Normen in den kommenden Jahrzehnten ändern werden. Klar ist, dass die Sozialsysteme der Illusion Vorschub leisten, der Mensch könne seine Lebensdauer ständig ausdehnen, ohne die dadurch entstehenden Kosten in Form vermehrter Arbeit und/oder verringerten Konsums tragen zu müssen. Die Sozialsysteme verstoßen damit gegen das „Prinzip der vollständigen Internalisierung (...), nach dem eine effiziente Allokation nur erreicht werden kann, (...) wenn (A.B.) jeder an der Grenze alle Kosten und Erträge seiner Handlungen trägt" (Breyer 2004: 240).

VI. Fazit

Wie viele Alte können wir uns leisten? Man kann diese Frage nicht durch die Angabe einer Zahl beantworten.
Wie viele Alte werden wir uns leisten? Auch diese Frage lässt sich nicht eindeutig beantworten. Einige ökonomische und polit-ökonomische Aspekte, die bei dem Versuch einer Beantwortung hilfreich sind, wurden aufgezeigt.

Die eigentlich relevante Frage lautet: Unter welchen Bedingungen, insbesondere auf welchem Einkommensniveau, werden „Alte" und „Junge" in den nächsten Jahrzehnten zusammenleben? Was kann man dafür tun, dass diese Bedingungen günstiger werden? Klar ist: Alles geht leichter, wenn die Bereitschaft zu Reformen da ist und wenn diese Reformen rasch erfolgen.

Die Deutsche Bundesbank hat die Problematik so formuliert: „Die demographische Herausforderung besteht (...) darin, rechtzeitig angemessene wirtschaft- und gesellschaftspolitische Antworten auf die ökonomischen Risiken und Belastungen des demographischen Wandels zu geben. Dabei gilt es, die Grundlagen für das wirtschaftliche Wachstum in den kommenden zehn Jahren so zu stärken, dass die dann einsetzenden „demographischen Belastungen" so gut wie möglich abgefedert werden" (Deutsche Bundesbank 2004: 19). Was das im Einzelnen bedeutet, lässt sich nicht in wenigen Worten sagen. Vielleicht bedarf es dazu einer Ringvorlesung im nächsten Semester.

Literaturverzeichnis

Breyer, F. (2004). Auf Leben und Tod – Steigende Lebenserwartung und Sozialversicherung. *Perspektiven der Wirtschaftspolitik* 5 (2): 227–241.

BMF (Bundesministerium der Finanzen) (2004). Demografischer Wandel – eine globale Herausforderung. *Monatsbericht* (9): 71–81.

Deutsche Bundesbank (2004). Demographische Belastungen für Wachstum und Wohlstand in Deutschland. *Monatsbericht* 56 (12): 15–30.

Grohmann, H. (2003). Die Alterung unserer Gesellschaft. Ursachen, Wirkungen, Handlungsoptionen. *Zeitschrift für Bevölkerungswissenschaft* 28 (2–4): 443–462.

Grohmann, H. (2004). Alterssicherung im Wechsel der Generationen. *Deutsche Renten Versicherung* (4): 185–199.

Mueller, D.C. (2002). The Political Economy of Aging Societies. In H. Siebert (ed.), *Economic Policy for Aging Societies*. Berlin: Springer.

Paqué, K.-H., R. Soltwedel et al. (1993). Challenges Ahead. Long-Term Perspectives of the German Economy. Kiel Discussion Papers 202/203. Institut für Weltwirtschaft, Kiel.

Sachverständigenrat (Sachverständigenrat zur Begutachtung der gesamtwirtschaftlichen Entwicklung) (2003). *Staatsfinanzen konsolidieren – Steuersystem reformieren. Jahresgutachten 2003/04.* Wiesbaden.

Sachverständigenrat (Sachverständigenrat zur Begutachtung der gesamtwirtschaftlichen Entwicklung) (2004). *Erfolge im Ausland – Herausforderungen im Inland. Jahresgutachten 2004/05.* Wiesbaden.

Siebert, H. (ed.) (2002). *Economic Policy for Aging Societies.* Berlin: Springer.

Statistisches Bundesamt (2004). *Pressemitteilung,* 17. November. Wiesbaden.

Wigger, B.U. (2004). *Grundzüge der Finanzwissenschaft.* Berlin: Springer.

Verzeichnis der Autoren und Herausgeber

Manfred Kock
Präses und EKD-Ratsvorsitzender i.R.
Evangelische Kirche im Rheinland
Hans-Böckler-Straße 7
40476 Düsseldorf

Prof. Dr. Stephanie Ritz-Timme
Institut für Rechtsmedizin
der Universität Düsseldorf
Moorenstraße 5
40225 Düsseldorf

Dr. Maren Welsch
Schleswig-Holsteinischer Kunstverein e.V.
Düsternbrooker Weg 1
24105 Kiel

Dr. Alfred Boss
Institut für Weltwirtschaft
an der Universität Kiel
Düsternbrooker Weg 120
24105 Kiel

Prof. Dr. Dr. Hans-Jürgen Kaatsch
Prof. Dr. Hartmut Rosenau
PD Dr. Werner Theobald
Zentrum für Ethik
der Christian-Albrechts-Universität zu Kiel
Olshausenstraße 40
24098 Kiel

Ethik interdisziplinär

hrsg. von Hans-Jürgen Kaatsch (Kiel),
Hermes A. Kick (Mannheim)
und Hartmut Kreß (Bonn)

Hartmut Kreß; Hans-Jürgen Kaatsch (Hg.)
Menschenwürde, Medizin und Bioethik
Heutige Fragen medizinischer und ökologischer Ethik
Bd. 1, 2000, 224 S., 17,90 €, br., ISBN 3-8258-4912-0

Hartmut Kreß; Kurt Racké (Hg.)
Medizin an den Grenzen des Lebens
Lebensbeginn und Lebensende in der bioethischen Kontroverse
Das Buch behandelt die ethischen Probleme der
Biomedizin, über die in Wissenschaft, Öffentlichkeit und Rechtspolitik derzeit kontrovers diskutiert
wird: den Umgang mit dem Lebensbeginn (embryonale Stammzellforschung und Präimplantationsdiagnostik) sowie dem Lebensende (passive und aktive
Sterbehilfe; Palliativmedizin). Einige Beiträge befassen sich mit Ethik im Kulturvergleich, z.B. der
Perspektive des Islam zu embryonaler Stammzellforschung oder der Sicht von Sterben und Tod in
Japan. Zu den Autoren des Bandes gehören Juristen
(darunter Hans-Ludwig Schreiber, Jochen Taupitz),
Mediziner (z.B. Eberhard Klaschik, Karl- Friedrich
Sewing), Religionswissenschaftler (Peter Antes),
Ethiker.
Bd. 2, 2002, 256 S., 15,90 €, br., ISBN 3-8258-5949-5

Walter Schweidler; Herbert A. Neumann;
Eugen Brysch (Hg.)
Menschenleben – Menschenwürde
Interdisziplinäres Symposium zur
Bioethik. Mit Beiträgen von R. Spaemann,
D. Birnbacher, W. Höfling, H. M. Sass,
A. Shewmon u. a.
Das Leben des Menschen ist das elementarste
Schutzgut, zu dem sich die nationalen Rechtsordnungen und internationalen Abkommen über den
Erdball hinweg bekennen. Aber immer wichtiger
werden gerade die Entscheidungen, die in diesem
Bekenntnis schon vorausgesetzt werden: Wann beginnt dieses menschliche Leben? Wann endet es?
Muß es unter allen Umständen aufrecht erhalten
werden? Was folgt daraus, wenn ein Mensch gerade
nicht will, daß sein Leben weitergeht? Die biomedizinische Entwicklung ist rasant, aber die Humanität
und die Rechtssicherheit unserer Gesellschaften
erfordern eine ethisch begründete Klärung der Definition der Grenzen des menschlichen Lebens und
der Forderungen, die sich aus dieser Klärung für

die Begrenzung des technischen und wissenschaftlichen Fortschritts ergeben.
Bd. 3, 2002, 304 S., 25,90 €, br., ISBN 3-8258-6808-7

Hermes A. Kick (Hg.)
**Ethisches Handeln in den Grenzbereichen
von Medizin und Psychologie**
Ethisches Handeln an den Grenzen des empirischen Wissens und den Grenzen der Fachbereiche
bedarf in besonderem Maße des Orientierungswissens. Der vorliegende Band, ein Arbeitsbuch,
gibt praktisch-methodische Unterstützung zur systematischen und selbständigen ethischen Situationsanalyse. Ziel ist es, durch die Reflexion der
Grundpositionen, wie sie von Seiten der Philosophie (R. Wiehl), der anthropologischen Medizin
(U. Bleyl), der Theologie (D. Ritschl) und den Kulturwissenschaften (D. von Engelhardt) formuliert
wurden, eine transparente Anwendung derselben in
den Grenzbereichen von Medizin und Psychologie
zu erreichen. Spezielle Beiträge befassen sich mit
ethischen Problemen in den psychopathologischen
Grenzbereichen (S. Pfeifer) sowie Psychokulte und
Parapsychologie (W. von Lucadou).
Bd. 4, 2002, 184 S., 20,90 €, br., ISBN 3-8258-5751-4

Hartmut Kreß (Hg.)
Religionsfreiheit als Leitbild
Staatskirchenrecht in Deutschland und Europa
im Prozess der Reform
In Deutschland und in Europa geraten das Staatskirchenrecht und das Religionsrecht in Bewegung.
Dies zeigen die kontroversen Debatten über die
Nennung Gottes oder über die Verankerung von
Kirchen und Religionsgemeinschaften in der Verfassung der Europäischen Union, über Kirchenversus Kultussteuer oder über das Kopftuch. Der
vorliegende Band beleuchtet religionsrechtliche
Entwicklungen sowie ihre Hintergründe in Deutschland und Europa. Dabei werden also neue Gesetze
oder Verträge zum Staat-Kirche-Verhältnis in Osteuropa (Polen, Rumänien, Bulgarien) vorgestellt.
Bd. 5, 2004, 352 S., 19,90 €, br., ISBN 3-8258-7364-1

Hans-Jürgen Kaatsch;
Hartmut Rosenau (Hg..)
Wirtschaftsethik
Gesammelte Vorträge zur Ringvorlesung
Wirtschaftsethik I/II
Viele sozialethische Probleme in unserer Gesellschaft haben einen entscheidenden ökonomischen
Aspekt. Die zunehmende Bedeutung der Wirtschaftsethik in den letzten Jahren trägt dieser
Ökonomisierung in nahezu allen Lebensbereichen Rechnung. Sie fragt unter dieser Vorausset-

LIT Verlag Münster – Berlin – Hamburg – London – Wien
Fresnostr. 2 48159 Münster
Tel.: 0251 – 62 032 22 – Fax: 0251 – 23 19 72
e-Mail: vertrieb@lit-verlag.de – http://www.lit-verlag.de

zung nach den Möglichkeiten eines menschlich guten, gelingenden Lebens. Um hier den kritischen Diskurs interdisziplinär aufzunehmen, hat das „Zentrum für Ethik" an der Universität Kiel in den Wintersemestern 2001/02 und 2002/03 Fachleute aus Politik und Wissenschaft zu einer Ringvorlesung „Wirtschaftsethik" eingeladen. Die gehaltenen Vortrage können nun der Öffentlichkeit vorgelegt werden.

Bd. 6, 2006, 208 S., 17,90 €, br., ISBN 3-8258-7863-5

Martin Hörning; Peter Leppin (Hg.)
Der Tod gehört zum Leben
Sterben und Tod aus unterschiedlichen Perspektiven
Die letzte Phase im Leben eines Menschen aus den Blickwinkeln unterschiedlicher Fachdisziplinen zu beleuchten – das ist das Ziel dieses Buches. Von A wie Ars moriendi bis Z wie zentralnervöse Aspekte bei Nahtoderfahrungen reicht die Palette an Themen, die von zehn Autoren behandelt werden. Sie beschäftigen sich in ihren Beiträgen mit den physiologischen Grundlagen von Altern, Sterben und Tod sowie der Palliativmedizin. Philosophische Aspekte werden ebenso behandelt wie theologische und religionspädagogische Fragestellungen. Weitere Themen sind Altern und Pflege als Herausforderung für den Wohlfahrtsstaat, Patientenverfügungen und soziale Arbeit in der Endphase menschlichen Lebens.

Bd. 7, 2005, 224 S., 22,90 €, gb., ISBN 3-8258-7781-7

Heribert Ostendorf (Hg.)
Folter
Praxis, Verbot, Verantwortlichkeit
Folter war lange kein Thema, weder für die öffentliche Diskussion noch für den Wissenschaftsbetrieb. Jüngste Ereignisse wie der Irak-Krieg oder der Fall „Jakob von Metzler" haben das Thema „Folter" wieder in den Mittelpunkt des öffentlich-politischen Interesses gerückt. Der vorliegende Band versucht Klarheit zu gewinnen über die Rechtslage, er erörtert die Probleme in konkreten Notstandssituationen und hat zum Ziel, das Rechtsbewusstsein zu schärfen, um nicht nur emotional, sondern auch rational Position beziehen zu können.

Bd. 8, 2005, 120 S., 14,90 €, br., ISBN 3-8258-8311-6

Hans-Jürgen Kaatsch; Hartmut Rosenau; Werner Theobald (Hg.)
Kultur und Religion
Beiträge zu einer Ethik des Dialogs
Der Dialog zwischen den Religionen und Weltanschauungen gehört zu den Kernaufgaben pluralistischer Gesellschaften, vor allem in einer zunehmend globalisierten Welt. Religionen können aber nicht abgesehen von ihrem Kontext ins Gespräch kommen, und dieser Kontext ist „Kultur".

Bd. 9, 2005, 88 S., 14,90 €, br., ISBN 3-8258-8394-9

Hermes A. Kick; Jochen Taupitz (Hg.)
Gesundheitswesen zwischen Wirtschaftlichkeit und Menschlichkeit
Angesichts knapper werdender Ressourcen wird zur zentralen, weit über den Gesundheitsbereich hinausreichenden Frage, wie Rentabilität und Humanität, Menschlichkeit und Wirtschaftlichkeit in ein und demselben System zugleich befriedigt werden können. Der vorliegende Band geht aus von den anthropologischen, rechtlichen, medizinischen und philosophischen Grundpositionen, stellt sich im Weiteren den praktischen Herausforderungen, also Problemen von Rationalisierung und Rationierung, Allokation und gerechter Verteilung. Die gravierenden anthropologischen Differenzen von therapeutischer Offerte einerseits und Marketing andererseits und daraus resultierende ethische Konsequenzen werden dargestellt. Schließlich werden die sich abzeichnenden Lösungsansätze herangeführt an Gestaltungsfelder in Politik, Management und Gesundheitskultur.

Bd. 10, 2005, 264 S., 19,90 €, br., ISBN 3-8258-8901-7

Hans-Jürgen Kaatsch; Hartmut Rosenau, Werner Theobald (Hg.)
Umweltethik
Trotz ihrer inzwischen hochgradigen Diversifizierung weist die philosophische Disziplin „Umweltethik" in einzelnen Schwerpunktbereichen ein defizitäres Verhältnis zu anderen Disziplinen auf. Der vorliegende Band thematisiert aus der Binnenperspektive von Sozialwissenschaft, angewandter Umweltforschung und praktischer Naturschutzarbeit zentrale umweltethische Fragen und gibt ihnen, ausgehend von den Fragestellungen dieser Disziplinen, eine neue Kontur. Dabei kommt auch der ursprünglich theologische Aspekt der Umweltethik wieder zur Sprache.

Bd. 12, 2006, 120 S., 14,90 €, br., ISBN 3-8258-9384-7

LIT Verlag Münster – Berlin – Hamburg – London – Wien
Fresnostr. 2 48159 Münster
Tel.: 0251 – 62 032 22 – Fax: 0251 – 23 19 72
e-Mail: vertrieb@lit-verlag.de – http://www.lit-verlag.de

Ethik in der Praxis/Practical Ethics
Studien/Studies
hrsg. von Prof. Dr. Hans-Martin Sass (Universität Bochum/Georgetown University Washington)
Schriftleitung: Dr. Arnd T. May

Arnd T. May
Autonomie und Fremdbestimmung bei medizinischen Entscheidungen für Nichteinwilligungsfähige
Die Arbeit diskutiert das Prinzip der Selbstbestimmung des Patienten als handlungsleitendes Kriterium bei Entscheidungen für oder gegen medizinische Behandlungen. In die Selbstbestimmung des Patienten darf nur in begründeten Ausnahmefällen eingegriffen werden. Unterschiedliche Begründungsansätze von Medizinethik, Definitionsversuche von "Person" und von "Sterbehilfe" werden analysiert. Diese neuere rechtliche, medizinische und ethische Diskussion nach der Verabschiedung des Betreuungsrechtsänderungsgesetzes und neuerlicher Gerichtsentscheidungen wird ausführlich dargestellt. Eine Patientenverfügung in Kombination mit einer Vorsorgevollmacht ist als Information über Behandlungswünsche am besten geeignet und die Bedeutung wird zunehmend anerkannt. Bei Entscheidungen über Behandlungsverzicht und -abbruch ist eine hohe ethische Kompetenz des Bevollmächtigten und Betreuers zur Entscheidung nach den Wünschen und zum Wohle des Patienten erforderlich. Es werden neue Modelle zur ethischen Qualifizierung von Betreuern vorgestellt.
Bd. 1, 3. Aufl. 2005, 408 S., 30,90 €, br.,
ISBN 3-8258-4915-5

Hans-Martin Sass
Differentialethik
Anwendungen in Medizin, Wirtschaft und Politik. Herausgegeben von Eva Baumann, Alexander Brink und Arnd T. May
Die DIFFERENTIALETHIK von Hans-Martin Sass vertritt einen konsequent normativen und praxisorientierten Ansatz in Ordnungsethik und Medizinethik. Individuelle, berufliche, kulturelle und transkulturelle Tugenden und Prinzipien werden an ihrem kulturübergreifenden Gehalt sowie an ihrer Durchsetzungsfähigkeit für Bürgerrechte und Gewissensfreiheit gemessen. Zu den diskutierten Themen gehören der Gewissensentscheid beim Schwangerschaftsabbruch, Zielkonflikte im Wohlfahrtsstaat, Verantwortungen bei Notstand und Terror, Organhandel, Institutionenethik, Tierethik, E-Health im Internet, Gerechtigkeit im Gesundheitswesen, Gesundheitsmündigkeit in Prädiktion und Prävention und das Recht auf Selbstbestimmung am Lebensende. Interaktive Tugendkataloge

und vereinzelte Narrationen sind alternative Methoden des Autors, mit dem Leser ins Gespräch zu kommen.
Bd. 2, 2006, 296 S., 39,90 €, br., ISBN 3-8258-4981-3

Hans-Martin Sass; Arnd T. May (Hg.)
Behandlungsgebot oder Behandlungsverzicht
Klinisch-ethische Epikrisen zu ärztlichen Entscheidungskonflikten
Die vorgestellten klinisch-ethischen Epikrisen zeichnen sich durch rigorose ethische Reflexion klinischen Handelns und Entscheidens aus. Die situativ im Einzelfall getroffenen Entscheidungen sind keine Musterentscheidungen mit Vorbildcharakter, wohl aber Entscheidungsmuster, welche die komplexen Konflikte in der Erhebung und Respektierung des Patientenwillens, der ärztlichen Intuition und Verantwortung, dem medizinisch Möglichen und einer vielfach unklaren Informationslage klinisch und ethisch vorstellen und nachrechnen. Insofern sind diese 11 klinisch-ethischen Epikrisen, vorgestellt von den jeweiligen Verantwortungsträgern, vorbildlich im Aufzeigen von Konfliktsituationen, die sich im Prozess des Krankheits- und Behandlungsgeschehens ergeben und modifizieren; sie eignen sich daher hervorragend als Textbuch für den klinischen und pflegerischen Unterricht. Klinische und klinisch-ethische Entscheidungen sind komplexe Entscheidungen, die mehr erfordern als medizinische Lehrbuchkenntnisse, das unterstreichen auch die empirischen Erhebungen und transdisziplinäre juristische, philosophische, theologische, intensivmedizinische, methodische und ethische Studien dieses Bandes. „Aufgabe des Arztes ist es, unter Beachtung des Selbstbestimmungsrechtes des Patienten Leben zu erhalten, Gesundheit zu schützen und wieder herzustellen sowie Leiden zu lindern und Sterbenden bis zum Tod beizustehen. Die ärztliche Verpflichtung zur Lebenserhaltung besteht daher nicht unter allen Umständen. Alle Entscheidungen müssen individuell erarbeitet werden." (Grundsätze der Bundesärztekammer zur ärztlichen Sterbebegleitung, Mai 2004)
Bd. 3, 2004, 440 S., 39,90 €, br., ISBN 3-8258-4982-1

Jürgen Barmeyer
Praktische Medizinethik
Die moderne Medizin im Spannungsfeld zwischen naturwissenschaftlichem Denken und humanitärem Auftrag. Ein Leitfaden für Studenten und Ärzte
Das vorliegende Buch hat zum Ziel, Ärzte und Medizinstudenten für die ethische Seite ihres Buches zu sensibilisieren. Die heutige, überwiegend naturwissenschaftlich orientierte Ausbildung zum

LIT Verlag Münster – Berlin – Hamburg – London – Wien
Fresnostr. 2 48159 Münster
Tel.: 0251 – 62 032 22 – Fax: 0251 – 23 19 72
e-Mail: vertrieb@lit-verlag.de – http://www.lit-verlag.de

Arzt gibt einem besonders wichtigen Bereich, nämlich der Vermittlung von Regeln für ärztlich-ethisches Verhalten gegenüber dem Kranken wenig Raum. Diese Lücke ein wenig zu schließen, ist die Absicht der Monographie. Das Konzept der Aussagen verfolgt einen ausschließlich praktisch-medizinethischen Ansatz, der frei von jeglicher Gesinnungsethik nach Regeln sucht, die suprakulturell als zur generellen Humanität am kranken .Menschen verpflichtende Regeln von allen Ärzten getragen werden können. Besonders deutlich kommt das in den Kapiteln über die Grenzen in der Medizin zum Ausdruck- und hier besonders in Kapiteln über Sterben und Sterbehilfe.

Bd. 5, 2., stark überarb. Aufl. 2003, 184 S., 20,90 €, br., ISBN 3-8258-4984-8

Ralf Bickeböller
Grundzüge einer Ethik der Nierentransplantation
Ärztliche Praxis im Spannungsverhältnis von pragmatischer Wissenschaftstheorie, anthropologischen Grundlagen und gerechter Mittelverteilung
Das Außergewöhnliche der Transplantationsmedizin ist nicht im Medizinisch-technischen der Therapieform zu suchen. Erst durch die Vorbedingungen der Transplantation eröffnet sich eine Diskussion, die weit über das "eigentlich" Medizinische hinaus ragt. Es sind dies Fragen, die vehement das Wesen des Menschen betreffen. Nicht umsonst nimmt die Transplantationsmedizin einen festen Platz in den Schlagzeilen ein. Insbesondere die Handlungsfelder der Organgewinnung und der Verteilung der knappen Ressource sind legitimationsbedürftig. Die vorliegende Studie unternimmt den Versuch, am Beispiel der Nierentransplantation die wissenschaftstheoretischen historischen und insbesondere ethisch-anthropologischen Vorbedingungen des Verfahrens zu erkunden. Jedes Kapitel läuft auf eine These zu, um in ihrer Zusammenfassung den konzentrierten Abschluß zu finden.

Bd. 6, 2001, 584 S., 45,90 €, br., ISBN 3-8258-4694-6

Jens Badura
Die Suche nach Angemessenheit
Praktische Philosophie als ethische Beratung
Die Studie bestimmt die Grundlagen einer *Ethik für die Praxis*, die als ethische Beratung *Hilfe zur Selbstaufklärung und Selbstorientierung moralischer Akteure* geben soll. Dabei werden zunächst die Schwierigkeiten etablierter Konzepte praxisbezogener Ethik analysiert. Ein Schwerpunkt liegt dabei auf der Frage nach deren Relevanz für die Lösung konkreter moralischer Fragen und Probleme. In Abgrenzung zu dem verbreiteten metho-dischen "Fundamentismus" in der Ethik wird ein kohärentistisches Ethikkonzept entfaltet, das den Anspruch an ethische Letztbegründung zurückweist und ein Verfahren zum vernünftigen Umgang mit moralischen Fragen und Problemen skizziert *ohne* dabei letzte Prinzipien zu formulieren. Der Ansatz wird als moralphilosophische Grundlage einer beratungsorientierten Ethik spezifiziert und hinsichtlich anwendungsbezogener Fragen erläutert. Auf dieser Basis fußt das *3-Phasen-Modell ethischer Beratung*, welches sich methodisch an Konzepten "Philosophischer Beratung" und "Sokratischer Gespräche" anlehnt. Das Beratungskonzept wird abschließend im Fallbericht "Ethische Beratung für eine Nutztierschutzorganisation" auf seine Praxistauglichkeit hin untersucht.

Bd. 7, 2002, 240 S., 25,90 €, br., ISBN 3-8258-5537-6

Eva Baumann
Die Vereinnahmung des Individuums im Universalismus
Vorstellungen von Allgemeinheit illustriert am Begriff der Menschenwürde und an Regelungen zur Abtreibung
Der Universalismus ist eine Argumentationsfigur, mit der Macht begründet wird. Doch so, wie es unsinnig ist, jede Machtausübung abzulehnen, ist es unsinnig, jeden Universalismus zu verteufeln. Wenn man ihm eine Bevormundung von Individuen vorwerfen kann, dann in solchen Fällen, in denen er Allgemeingültigkeit nur unterstellt bzw. künstlich erzeugt. In der juristischen Verwendung des Menschenwürdebegriffs und in Regelungen zur Abtreibung sieht die Autorin Gefahren einer Vereinnahmung des Individuums. Dem setzt sie einen individualethischen Ansatz und das Konzept einer konkreten öffentlichen Rhetorik entgegen.

Bd. 8, 2001, 296 S., 25,90 €, br., ISBN 3-8258-5582-1

Susanne Freese
Umgang mit Tod und Sterben als pädagogische Herausforderung
Moderne medizinische Methoden der künstlichen Befruchtung und der pränatalen Diagnostik am Anfang des Lebens sowie der Intensivmedizin am Lebensende haben die Grenzen des Lebens heute unsicher werden lassen. Zugleich kann ein Rückgang von Riten und Traditionen im Umgang mit dem Tod beobachtet werden. Speziell der Situation der Kinder, deren innerpsychisches Erleben von Trauer vom vorgelebten Modell der Erwachsenen im Umgang mit der Thematik des Sterbens geprägt ist, wird zu wenig Aufmerksamkeit geschenkt. Dieses Buch fordert Erziehende und Erwachsenen den eigenen Umgang mit dem Tod zu überdenken, um sich und den Kindern einen angstfreien Zugang

LIT Verlag Münster – Berlin – Hamburg – London – Wien
Fresnostr. 2 48159 Münster
Tel.: 0251 – 62 032 22 – Fax: 0251 – 23 19 72
e-Mail: vertrieb@lit-verlag.de – http://www.lit-verlag.de

auf sterbende und trauernde Menschen zu ermöglichen.

Bd. 9, 2001, 248 S., 20,90 €, br., ISBN 3-8258-5587-2

Ilhan Ilkilic
Der muslimische Patient
Medizinethische Aspekte des muslimischen Krankheitsverständnisses in einer wertpluralen Gesellschaft
Bd. 10, 2002, 232 S., 25,90 €, br., ISBN 3-8258-5790-5

Corinna Iris Schutzeichel
Geschenk oder Ware? Das begehrte Gut Organ
Nierentransplantation in einem hochregulierten Markt
Die Schere klafft immer weiter auseinander. Während die Zahl der Organbedürftigen steigt, hat das 1997 in Kraft getretene Transplantationsgesetz nicht zu einem größeren Angebot postmortaler Spenden geführt. Die Autorin diskutiert Modelle der Organlebendspende unter medizinischen, rechtlichen und ethischen Gesichtspunkten. Der restriktiven Haltung des Transplantationsgesetzes setzt sie ein Belohnungsmodell entgegen, das sich gegen einen staatlich – bevormundenden Pater-nalismus wendet und die Autonomie des mündigen Menschen in den Vordergrund stellt. Abgerundet wird die Arbeit durch einen Vorschlag zur Änderung des Transplantationsgesetzes.
Bd. 11, 2002, 376 S., 29,80 €, br., ISBN 3-8258-6350-6

Alexandra Manzei
Körper – Technik – Grenzen
Kritische Anthropologie am Beispiel der Transplantationsmedizin
Die vorliegende Studie thematisiert das Verhältnis von Körper und Technik in der modernen Medizin. Am Beispiel der Transplantationsmedizin fragt die Autorin nach der Bedeutung, die dieses Verhältnis für die Selbstdeutungen der Menschen in der technischen Zivilisation besitzt. Medizinische Technologie wird als eine Entfaltungsmöglichkeit menschlicher Existenz verstanden, die gleichwohl ihre Voraussetzungen und Grenzen in der leiblichen Natur des Menschen findet. Im Rahmen ihres Konzepts einer kritischen Anthropologie plädiert die Autorin deshalb für eine differenzierte Auseinandersetzung mit den Möglichkeiten und Grenzen medizinischer Technologie, die an den konkreten Erfahrungen der Betroffenen orientiert ist.
Bd. 13, 2003, 296 S., 25,90 €, br., ISBN 3-8258-6652-1

Oliva Wiebel-Fanderl
Herztransplantation als erzählte Erfahrung
Der Mensch zwischen kulturellen Traditionen und medizinisch-technischem Fortschritt
Dieses Buch thematisiert wie Menschen ihre Erfahrungen mit chronischer Krankheit und Organwechsel in ihren Erzählungen weitergeben. Der Erzählforscherin geht es dabei nicht um den objektiven Verlauf eines Krankheitsgeschehens. Ihr Interesse konzentriert sich vornehmlich auf die Muster des Erzählens, die nicht nur als gegenwärtige Kommunikationsformen angesehen werden, sondern in ihren historischen und kulturellen Voraussetzungen als Formen des individuellen und kollektiven Bewusstseins analysiert werden. Grundlage ihres Forschungsansatzes ist die These, dass es, um den Menschen in seiner Geschichte, in seinen Handlungen und Erzählungen zu verstehen, notwendig ist, die Geschichte im Menschen zu kennen. Denn zwischen subjektiver, persönlicher und kollektiver Geschichte besteht immer eine dialektische Wechselbeziehung.
Bd. 14, 2003, 520 S., 39,90 €, br., ISBN 3-8258-6865-6

Peter Schröder
Gendiagnostische Gerechtigkeit
Eine ethische Studie über die Herausforderungen postnataler genetischer Prädiktion
Werden die neuen und anwachsenden Möglichkeiten der gendiagnostischen Prädiktion zu mehr Gesundheit und Lebensqualität beitragen oder werden sie Diskriminierungen und Ungerechtigkeiten herbeiführen? Diesen Fragen geht der Autor in seinen ethischen Analysen nach.
Bd. 16, 2004, 456 S., 29,90 €, br., ISBN 3-8258-7463-x

Sibylle H. L'hoste
Ambivalenz der Medizin am Beginn des Lebens
Der Schwangerschaftsabbruch. Kann die Philosophie zu einer Lösung beitragen?
Unter Anerkennung des gesellschaftlichen Dissenses und der Ambivalenz in der Frage des Schwangerschaftsabbruchs sucht die Autorin nach praktischen Lösungen. Dabei kommt sie zu dem Ergebnis, dass auf dem Wege einer Rückbesinnung auf die menschliche Grundkonstitution der Unvollkommenheit humane und verantwortbare Lösungen möglich sind – auch in bioethischen und politischen Fragen.
Bd. 17, 2004, 232 S., 24,90 €, br., ISBN 3-8258-7566-0

LIT Verlag Münster – Berlin – Hamburg – London – Wien
Fresnostr. 2 48159 Münster
Tel.: 0251 – 62 032 22 – Fax: 0251 – 23 19 72
e-Mail: vertrieb@lit-verlag.de – http://www.lit-verlag.de

Inga Westermilies
Ärztliche Handlungsstrategien im Umgang mit ausländischen Patienten
Medizinisch-ethische Aspekte
Der Umgang mit dem Phänomen der Multikulturalität gewinnt in Medizin und Ethik immer mehr an Bedeutung. Fehlendes Sprachverständnis oder kulturell geprägte Krankheitskonzepte sind Beispiele für Herausforderungen, denen man sich in der Arzt-Patienten-Beziehung stellen muss. Der Ansatz der „Transkulturellen Medizin" mit einer kulturübergreifenden und kultursensitiven Herangehensweise versucht, dem zu begegnen. Aus ethischer Sicht stellt sich die Frage, wie mit unterschiedlichen kulturellen Werten umgegangen werden kann und was eine mögliche ethische Grundlage im Umgang mit kulturfremden Patienten sein könnte. Das vorliegende Buch charakterisiert die Problemfelder im Kontakt mit ausländischen Patienten und bereits bestehende Lösungsansätze aus medizinisch-ethischer Perspektive. Das Konzept transkultureller Medizin wird dabei seinem Anspruch einer kulturübergreifenden Medizin dahingehend gerecht, daß es neben ausländerspezifischen Strategien auch allgemeine Ansätze und Kompetenzen vermittelt. Somit begegnet es grundlegenden Problematiken des Arzt-Patienten-Kontaktes auf pragmatische Weise.
Bd. 18, 2004, 192 S., 17,90 €, br., ISBN 3-8258-7974-7

Harald Karutz
Psychische Erste Hilfe bei unverletzt-betroffenen Kindern in Notfallsituationen
Kinder, die Zuschauer oder Augenzeuge eines Unglücks geworden sind, können psychische Folgeschäden davontragen. Manchmal leiden sie unter dem, was sie erlebt haben, noch Jahre später. Konkrete Hinweise, wie man mit unverletzt-betroffenen Kindern in Notfällen umgehen soll, hat es bislang jedoch nicht gegeben. Vor diesem Hintergrund enthält das vorliegende Buch zahlreiche Anregungen für eine Psychische Erste Hilfe, die von Rettungsdienstmitarbeitern, Feuerwehrleuten, Polizisten und Notfallseelsorgern, aber auch von Lehrern und Erziehern geleistet werden könnte.
Bd. 19, 2004, 208 S., 19,90 €, br., ISBN 3-8258-8207-1

Thomas Holznienkemper
Organspende und Transplantation und ihre Rezension in der Ethik der abrahamitischen Religionen
Für manche, die überlegen, Organspender zu werden, auf eine Transplantation warten oder auch als Arzt, Pflegekraft oder Seelsorger in die Betreuung Angehöriger bei diagnostiziertem Hirntod involviert sind, stellt sich immer wieder die Frage, wie eigentlich die Religionen zum Hirntod, zur Or-

ganspende und Transplantation stehen. Aus der Zusammenschau mit medizinischen Fakten und medizinethischen Prinzipien stellt dieses Buch exemplarisch die ethischen Positionen der abrahamitischen Religionen (Judentum, Christentum, Islam) zum Hirntod, zur Organspende und Transplantation vor und diskutiert sie.
Bd. 20, 2005, 240 S., 24,90 €, br., ISBN 3-8258-8343-4

S. Shapiro; J. Dinger; P. Scriba (Eds.)
Enabling Risk Assessment in Medicine/ Wege zur Risikobestimmung in der Medizin
Farewell Symposion for/Abschiedssymposium für Werner-Karl Raff
Die Fortschritte der Arzneimitteltherapie werden spätestens seit der Contergan-Katastrophe von großen Teilen der Öffentlichkeit mit gemischten Gefühlen betrachtet. Zunehmende Lebenserwartung und das hohe Niveau der äußeren Sicherheit in den entwickelten Ländern gehen einher mit einer großen Sensibilität für reale oder auch nur vermeintliche Arzneimittelrisiken, die eine ausgewogene Nutzen-Risikobewertung erschwert. Anlässlich des Abschiedssymposiums für Werner-Karl Raff, der sich als einer der herausragenden Persönlichkeiten in der pharmazeutischen Industrie immer wieder aktiv in die Diskussion der Nutzen-Risikobewertung von Arzneimitteln und der ethischen Vertretbarkeit ihrer Anwendung eingebracht hat, versuchten international anerkannte Experten unterschiedlichster Fachrichtungen Wege zur Risikobestimmung in der Medizin aufzuzeigen. Der von Samuel Shapiro, Jürgen Dinger und Peter Scriba herausgegebene Band vermittelt Einsichten, die für Journalisten, Patienten und die breite Öffentlichkeit nicht weniger interessant sein dürften als für die medizinischen Berufe.
Bd. 21, 2004, 152 S., 29,90 €, gb., ISBN 3-8258-7250-5

Vilhjálmur Árnason
Dialog und Menschenwürde
Ethik im Gesundheitswesen. Aus dem Isländischen von Ludvík E. Gustafsson
Der Autor analysiert durch die Anwendung von Schlüsselbegriffen der menschlichen Moral die wichtigsten ethischen Probleme im Gesundheitswesen. Das Buch behandelt sich aus dem alltäglichen Kontakt zwischen Fachpersonal und Patienten ergebenen ethischen Fragen und wie besondere ethische Probleme von Lebensanfang und Lebensende gelöst werden können. Diskutiert werden auch medizinische Forschung am Menschen und die Schaffung eines gerechten Gesundheitswesens. Hauptanliegen des Autors ist die Forderung, die

LIT Verlag Münster – Berlin – Hamburg – London – Wien
Fresnostr. 2 48159 Münster
Tel.: 0251 – 62 032 22 – Fax: 0251 – 23 19 72
e-Mail: vertrieb@lit-verlag.de – http://www.lit-verlag.de

Menschenwürde des Patienten zu achten. Dazu ist Einvernehmen zwischen dem Fachpersonal und den Patienten notwendig. Das geschieht durch Dialoge, die auf gegenseitiges Vertrauen abzielen.

Bd. 23, 2006, 432 S., 42,90 €, br., ISBN 3-8258-4814-0

Erny Gillen
Wie Ethik Moral voranbringt!
Beiträge zu Moral und Ethik in Medizin und Pflege
Ein roter Faden zieht sich durch alle Beiträge in diesem Sammelband: Ethik, wird verstanden als Wissenschaft der Moral(en) und als Moderatorin unterschiedlicher moralischer Positionen. Ethik soll gerade nicht zum Moralersatz oder gar zur Super-Moral aufgebaut werden, die dann als „neue" Autorität die moralischen Dilemmata für andere und „ex autoritate" entscheidet. Vielmehr bietet die hier verstandene Fach-Ethik den Betroffenen und Teammitgliedern einen ergebnisoffenen Verhandlungstisch, an dem die lähmende Handlungsohnmacht moralisch kodiert und dekodiert werden kann, um zu einer von allen verstandenen und mitgetragenen moralischen Handlungsweise zu gelangen.

Bd. 24, 2006, 200 S., 19,90 €, br., ISBN 3-8258-9186-0

Matthias Schiefer
Die metaphorische Sprache in der Medizin
Metaphorische Konzeptionalisierungen in der Medizin und ihre ethischen Implikationen untersucht anhand von Arztbriefanalysen
Metaphern in der Medizin dienen nicht nur zur bildhaften Verdeutlichung komplexer Zusammenhänge, sondern sind ein wesentliches konstitutives Element unseres Denkens, Sprechens und Handelns, das wir ständig – bewusst oder unbewusst – benutzen. Metaphern können jedoch auch ein begrenzendes Element in der Medizin sein, wenn sie als „Brille für das Denken" zum Ausschluss komplementärer Betrachtungsweisen führen. Ziel der hier vorliegenden Arbeit ist es, sich der Komplementarität, Funktionen und ethischen Implikationen von Metaphernkonzepten aus dem ärztlichen Alltag bewusst zu werden. Die Bewusstwerdung von Metaphorik in der Medizin ist hierbei eine Grundlage der Medizinethik.

Bd. 26, 2006, 264 S., 24,90 €, br., ISBN 3-8258-9326-X

Ethik in der Praxis/Practical Ethics
Kontroversen/Controversies
hrsg. von Prof. Dr. Hans-Martin Sass (Universität Bochum/Georgetown University Washington)
Schriftleitung: Dr. Arnd T. May

Jan Schildmann; Uwe Fahr;
Jochen Vollmann (Hg.)
Entscheidungen am Lebensende in der modernen Medizin: Ethik, Recht, Ökonomie und Klinik
In der modernen Medizin ist der Zeitpunkt des Sterbens häufig abhängig von ärztlichen Entscheidungen, die technisch noch möglichen medizinischen Maßnahmen aus verschiedenen Gründen nicht mehr voll auszuschöpfen. Diese Entscheidungen werden in den normativen und empirischen Wissenschaften intensiv diskutiert. In dem Band, der Beiträge aus unterschiedlichen wissenschaftlichen Disziplinen vereint, werden *ethische* Fragestellungen am Lebensende analysiert, die *rechtlichen* Regulierungen des Handlungsspielraums untersucht sowie empirische Studien zu ärztlichen Entscheidungen in der letzten Lebensphase vorgestellt.

Bd. 24, 2006, 272 S., 29,90 €, br., ISBN 3-8258-9533-5

Torbjörn Tännsjö
Zur Ethik des Tötens
Neue Anstöße zur Reflexion eines umstrittenen Problems
Wir sind uns alle einig, dass es falsch ist zu töten. Doch ist das Töten immer falsch? Von Männern wird erwartet, dass sie Wehrdienst leisten und lernen, im Krieg zu töten; Frauen dürfen Abtreibungen vornehmen; jedes Jahr werden in weiten Teilen der Welt Menschen hingerichtet; in bestimmten Ländern ist die Sterbehilfe gesetzlich erlaubt; wir züchten, töten und verzehren Tiere. Wann ist es richtig zu töten – und wann falsch? Dieses Buch untersucht verschiedene Auffassungen zum Töten und stellt ihnen die durch eine Meinungsumfrage ermittelten Ansichten der deutschen, schwedischen und norwegischen Bevölkerung gegenüber. Der Autor bezieht Stellung und fordert seine Leser auf, selbständig das gleiche zu tun. Das Buch erfordert keine besonderen Vorkenntnisse, sondern lediglich die Bereitschaft, sich mit dem Thema ernsthaft auseinander zu setzen.

Bd. 25, 2006, 168 S., 16,90 €, br., ISBN 3-8258-9704-4

LIT Verlag Münster – Berlin – Hamburg – London – Wien
Fresnostr. 2 48159 Münster
Tel.: 0251 – 62 032 22 – Fax: 0251 – 23 19 72
e-Mail: vertrieb@lit-verlag.de – http://www.lit-verlag.de